Max Goldt   geboren 1958 in Göttingen, lebt in Berlin. Zuletzt veröffentlichte er «Wenn man einen weißen Anzug anhat». Max Goldt ist außerdem Musiker und verfaßt Hörspiele sowie, mit Stephan Katz, Comics.

Max Goldt «Kolumnen»

Rowohlt Taschenbuch Verlag

7. Auflage September 2007

Veröffentlicht im Rowohlt Taschenbuch Verlag, Reinbek bei Hamburg, März 2004 … Copyright © 2004 by Rowohlt Verlag GmbH, Reinbek bei Hamburg … Illustrationen der Umschlagklappen von Michael Sowa, Berlin … Typographie und Herstellung Holger Trepke, Hamburg … Satz aus der Stempel Garamond und der Linotype Fairfield Postscript, PageMaker bei hanseatenSatz-bremen, Bremen … Druck und Bindung Druckerei C. H. Beck, Nördlingen … Printed in Germany … ISBN 978 3 499 23432 3

Inhalt

Als ich hörte, daß dem 87jährigen Schauspieler Leon Askin, der nach 56jähriger Emigration in sein Heimatland Österreich zurückgekehrt ist, das «Silberne Ehrenzeichen der Stadt Wien» verliehen wurde, dachte ich: «Was für eine Gedankenlosigkeit!» Wohl kann man einen Menschen in mittleren Jahren silbern ehren, auf daß er dies als Ansporn verstehen möge, sich weiterhin verdient zu machen, damit ihm eines Tages die goldene Ehrung nachgereicht werde, aber einen Mann, der sicher nicht mehr viele Jahre leben wird, sollte man entweder gar nicht ehren oder erstrangig. Sonst klingt es wie: «Sicher, wir ehren Sie schon, aber so doll, wie wir manch anderen ehren, ehren wir Sie nun auch wieder nicht.»
Ehrwürdigkeit ist keine sportliche Disziplin, da sollte man mit der Vergabe minderer Metalle vorsichtig sein. Hoffentlich hat er das Abzeichen wenigstens vom Bürgermeister persönlich erhalten. Einmal las ich, daß jemandem irgendeine Ehrennadel von der «Ehefrau des Volksbildungsstadtrates von Berlin-Lichtenberg» ausgehändigt wurde. Warum nicht gleich von der zweitbesten Freundin der geschiedenen Ehefrau des stellvertretenden Volksbildungsstadtrates? Eine ebenso heikle Materie wie die ungeschickte Ehrung ist das eingeschränkte Lob. Man darf niemals zu einer Dame sagen: «Sie sehen einfach bezaubernd aus, aber durch Ihre schweren Ohrringe sind Ihre Ohrläppchen ganz ausgeleiert.» Zwar besteht die Dame zu höchstens einem Promille aus Ohrläppchen, aber der kleine Tadel macht das Lob, welches 99,9 % ihrer Körpersubstanz betrifft, vollkommen zunichte. Und was ist von jemandem zu halten, der zu jemandem nicht sagt: «Sie

haben eine Haut wie ein Pfirsich», sondern: «Sie haben eine Haut wie Dosenpfirsiche»? Wir wollen hoffen, daß dieser Mann die gleiche Eigenschaft hat wie derjenige, der Käsebrote gegessen hat, am folgenden Tag weinend über der Toilettenschüssel hängt und ruft: «Oh, ihr armen Käsebrote! Wie dauert mich euer Zustand!» D. h. wir wollen hoffen, daß ein solcher Mensch nicht existiert. Es entsteht immer wieder Anlaß zu vorsichtiger Lebensfreude, wenn man sich vor Augen hält, was es alles nicht gibt und was es daher vielleicht auch niemals geben wird.

Doch hört man immer wieder sagen: «Es gibt schon alles, alles ist schon dagewesen.» Meist sagen dies Musiker, die rechtfertigen wollen, daß sie altes Terrain beackern. Es gebe ja nun mal nur soundso viel Töne. Ich meine, nicht jeder muß zu neuen Ufern aufbrechen. Auch an alten Ufern liegt noch manche ungeknackte Muschel. Aber in der Behauptung, es sei schlechterdings unmöglich, noch wesentlich Neues zu schaffen, kämpfen Selbstzufriedenheit und Feigheit um die Vorherrschaft. Erfahrene Beobachter werden auch Doofheit und Weichlichkeit mitkämpfen sehen. Solange es Menschen gibt, wird sich der Drang zur Veränderung behaupten. Keine Kunst ist je zu Ende und getan.

Auch die der Werbung nicht. Ich habe bemerkt, daß es im deutschen Fernsehen keine Werbung für Salz gibt. Es ist mir aufgefallen, als Freund Tex Rubinowitz mir schrieb, im österreichischen Fernsehen gebe es welche. Er hat mir den Spot auch geschildert. Ich verstehe ihn überhaupt nicht, aber er soll so gehen: Ein alter Mann schnipst mit dem Zeigefingernagel auf seinen Schneidezähnen das Lied ‹Hänschen klein›. Dann ertönt eine Stimme, und die sagt «Salz». Seit Tagen versuche ich, auf meinen Vorderzähnen ‹Hänschen klein› zu spielen. Ich glaube ja schließlich an den Fortschritt der Musik. Zuerst hat man den Eindruck, daß es wirklich so klingt wie das Lied, aber das ist eine Täuschung, weil man beim Schnipsen die Melodie immer mitdenkt. Meine Zähne wenigstens klingen alle gleich. Soll der Salz-Werbespot aussagen, daß einem bei tüchtigem Salzkonsum die Zähne so unterschiedlich groß wachsen, daß jeder einen eigenen Tonwert hat? Mich vermag dieser Gedanke nicht recht zu verführen. Ich habe mir daher die Mühe gemacht, über bessere Salzkampagnen nachzudenken, leider war der Ertrag des Denkens nur ein matter Sechszeiler:

Gestern noch in der Saline,
Heut rieselt's dir auf die Praline.

Gestern noch im Meer versteckt,
Heut streust du dir es aufs Konfekt.

Boy, o boy, o boy, o boy,
Mit Salz schmeckt Schokolade neu.

Salz hat in Apotheken-Gratiszeitschriften lesenden Kreisen einen genauso schlechten Ruf wie Zucker. Ärzte erbleichen, müssen sich setzen, bitten um Riechsalz, wenn einer ihnen unterbreitet, daß er ohne Todesangst zum Salzstreuer greift. Gegen das Dickmach- und Zahnzerrüttungs-Image von Zucker hat es allerlei Werbefeldzüge gegeben, in denen es hieß, daß Zucker zaubere und Kalorien nur vom Hörensagen kenne. Den Salzfritzen ist derlei nicht eingefallen. Das ist verwunderlich, denn Salz hat wirklich keine Kalorien, und zaubern kann es auch. Es zauberte mir einmal einen fassungslosen Blick ins Gesicht. Ich hatte ein feines Süppchen ge-

In den windigen Berliner Wintern sieht das Brandenburger Tor oft so ulkig aus, daß die Touristen es gar nicht erkennen und rummeckern. «Wir reisen ab!» – «Wir gehen zurück zu unseren Müttern!» echot es durch die Stadt.

kocht, eine Spezialkomposition mit frischen Kräutern, zehnmal abgeschmeckt. Da erscholl von der Besucherpforte her ein Pochsound. Ein Gast wurde willkommen geheißen und gefragt, ob er von der Suppe wolle, was bejaht wurde. Ich füllte seinen Teller. Ohne die Suppe zu kosten, griff der Gast zum Salzstreuer und knallte schätzungsweise fünf Gramm Salz in meine ausgeklügelte Speise. Ich war fassungslos, beleidigt und wunderte mich darüber, daß ich mit Rohlingen Umgang pflege.

Man kann jemanden natürlich auch subtiler beleidigen. Im Radio hörte ich, wie eine Journalistin ein Buch eines prominenten Schinkenschreibers über den grünen Klee lobte. Das ganze Lob machte die Rundfunkdame aber wertlos, indem sie den Schriftsteller in einem Nebensatz als «Buchautor» bezeichnete. Sie tat dies wohl weniger aus Bösartigkeit als vielmehr versehentlich, aus Unkenntnis hinsichtlich gewisser Nuancen des Ausdrucks. Buchautor nennt man jemanden, den man auf keinen Fall als Dichter oder Schriftsteller durchgehen lassen möchte. Wenn z. B. Petra Schürmann ein Buch mit Schönheitstips herausgibt, dann ist sie Buchautorin. Ein Buchautor ist auch jemand, der Auskunft darüber erteilt, wie man mit einer bestimmten Krankheit besser zurechtkommt, und im Anhang Adressen von Selbsthilfegruppen aufzählt. Das kann durchaus lobenswert und nützlich sein, und für so jemanden ist die Bezeichnung Buchautor auch nicht zu beanstanden. Für einen geltungssüchtigen Epochalromancier wie den genannten Schinkenschreiber ist der Ausdruck die perfideste Beleidigung, die denkbar ist. Es ist etwa so, als ob man von einem Schauspieler sagt, daß er «schauspielere». Schauspielern – das tun Amateure. Echte Schauspieler *spielen*.

Ich spiele ebenfalls, und zwar mit dem Gedanken, meinesteils unter die Buchautoren zu gehen. Ich könnte einen Fotoratgeber verfassen. Es reicht aber vielleicht auch, wenn ich mir Zurückhaltung auferlege und mein Wissen kurzgefaßt unter die Leute peitsche. Das Wichtigste ist, daß die Kamera so klein ist, daß man sie immer dabeihaben kann. Wenn man eine schwere Ausrüstung hat und Streifzüge durch die Welt speziell zu dem Zweck unternimmt, Bilder zu machen, fotografiert man nur «poetische» Kalenderblätter. Unscharfe Halme mit scharfer, zerklüfteter Landschaft im Hintergrund oder, als kreative Alternative, vorn scharfe Halme, hinten unscharfe Gegend. Wenn man das mit 16 macht, ist das völlig okay. Man kann dann auch ein bißchen selber im Labor herumplanschen und seine eigenen Abzüge jungen Mädchen zeigen, falls man es versteht, solche herbeizulocken und zu beeindrucken. Die sagen dann, daß die Halm-Bilder sehr ausdrucksstark seien, «irgendwie beinahe poetisch», und fragen, ob sie vielleicht mal mit in die Dunkelkammer dürfen. Sie dürfen vielleicht. Wenn sie nett sind, dürfen sie die Abzüge

ROSY ARMEN

Manchmal ist es ja so, daß der Film noch nicht voll ist, man aber furchtbar neugierig auf die Bilder ist und den Film noch schnell vollmachen möchte, damit er zum Entwickeln kann. Zum Filmvollmachen werden meist irgendwelche Enten fotografiert, denn Gewässer mit Enten gibt es überall. Neben Filmvollmachenten finden sich aber vereinzelt auch Filmvollmachschlagersängerinnen.

auch mit der Entwicklerzange aus der Wässerungswanne holen und aufhängen. Beim gemeinsamen Beurteilen der aufgehängten Bilder kann man schließlich sehr dicht beieinanderstehen, und es wird eine «besondere Atmosphäre» herrschen, aus der sich vielleicht Nutzen ziehen läßt. Als Erwachsener gibt man seine Filme lieber ins Fotogeschäft.

Das größte Problem beim Freiland-Fotografieren sind die glotzenden Passanten. Sobald man etwas festhält, was keine Ähnlichkeit mit dem Kolosseum oder den Niagara-Fällen hat, bleiben sie stehen und denken, was fotografiert der denn da, fragen schlimmstenfalls sogar. Mir ist es sehr unangenehm, wenn Leute mir dabei zugucken, wie ich das in einem Fleischereischaufenster hängende Schild «Blutmagen, grob, 100 g 88 Pfennig» ablichte.

Praktisch ist es, wenn man jemanden dabeihat. Dann kann

man so tun, als ob man den Begleiter knipst, während man in Wirklichkeit eine Frau verewigt, die gehend und Kinderwagen schiebend eine geräucherte Makrele verzehrt. Auf Reisen wird man oft von der aufdringlichen Erhabenheit des Pomps bombastischer Baulichkeiten gefangengenommen. Man wisse aber, daß der Pomp in der Kameralinse verdorrt. Kaum jemand schaut sich gern vor zwanzig Jahren selbstgemachte Fotos mit Kirchen und Schlössern an. Man muß immer darauf achten, daß noch etwas anderes mit aufs Bild kommt, weil man sonst keine Lust haben wird, die Fotos in späteren Jahren überhaupt mal anzugucken. Praktisch ist die Kirche Notre-Dame in Paris. Davor steht stets ein mit Souvenirs beladenes Eselchen. Dieses Eselchen ist mein heimlicher Freund. Es guckt genauso, wie ich gucke, wenn ich eine Bilanz meines bisherigen Lebens ziehe. Das Eselchen läßt sich auch gut fotografieren, denn man hat es, ähnlich wie mich, nehme ich an, mit Drogen vollgepumpt, um den Fluchtwillen zu ersticken. Die von den internationalen Glotzaugen erstaunlicherweise noch nicht weggeglotzte Kirche hinter ihm wird täglich von hunderttausend grünen Fickfröschen fotografiert, da muß man nicht der hunderttausendunderste sein. Bedauerlicherweise steht nicht vor jeder ranzigen Pißkirche ein süßes Eselchen. Ein einigermaßen akzeptabler Eselersatz ist der Reisegefährte. Wenn man keinen hat bzw. bereits 10 000 Fotos besitzt, wo der drauf ist, dann sollte man versuchen, mit der Kamera fremde Leute zu erhaschen, Frauen mit komischen Frisuren oder Männer, die sich bücken, wodurch auf ihrer Hinterseite das zum Vorschein kommt, was hie und da als «Klempnerfalte» bezeichnet wird. Wenn die Reisebranche in der Lage wäre, auf die Bedürfnisse des Marktes zu reagieren, gäbe es in der Nähe aller vielbesuchten Gebäude sogenannte Groteskpassantenvermietungen, wo man für zehn Mark abwegig gekleidete Personen mieten kann, notorische Sackkratzer mit Makrelen im Mund, Frauen mit nach Schubkarren schreienden Brüsten, Männer, deren Körperbehaarung wie rußiger Qualm aus Kragen und Ärmeln herausdringt, schmutzige Kinder mit fettigen Brillen, die durch Klebestreifen zusammengehalten werden. Wenn aber, wie es oft der Fall ist, keine solchen Leute da sind, dann sollten wenigstens Autos oder Müllbehälter mit aufs Kirchenfoto kommen. Dann kann man im Jahre 2020 neben seinem bis dahin wahrscheinlich völlig verrunzelten Lebenspartner sitzen und sagen: «Guck mal, das ist doch so ein typischer schriller Neunziger-Jahre-Mülleimer!» Über Fotos, auf denen nur eine Kirche zu sehen ist, kann man sich nicht unterhalten.

Andere Regeln sind zu beachten, wenn man auf einer Geselligkeit, möglicherweise gar einer alkoholisch geprägten, fotografiert. Falls man da nicht aufpaßt, schnappt sich irgendwer die Kamera und macht den ganzen Film mit irgendwelchen Sauffotos voll. Es gibt nichts Uninteressanteres als von Angetrunkenen geschossene Bilder mit entfernten Bekannten drauf, die einander zuprosten oder sich in den Armen liegen. Sehr wichtig ist es auch, darauf zu achten, daß auf keinen Fall notorische Abzugschnorrer mit aufs Bild kommen, also Gestalten, die dafür aktenkundig sind, daß sie von allem Abzüge wollen. «Davon will ich aber unbedingt einen Abzug! Ich bezahl ihn auch, wirklich!» Den Teufel werde ich tun und für irgend jemanden Abzüge machen lassen, es sei denn, ich komme selbst auf die Idee. Trifft man die Schnorrer auf der Straße, schreien sie einem schon auf zehn Meter Entfernung entgegen: «Und? Wo bleiben meine Abzüge?» – «Deine Abzüge sind in Abrahams Wurstkessel, und dort bleiben sie auch!»

muß man da entgegnen. «Wieso denn», wird gemeckert, «bei Fotos, wo ich selber drauf bin, habe ich ein Recht auf einen Abzug.» Quatsch! Wer Fotos will, soll selber einen Fotoapparat mitnehmen, wenn er auf ein Remmidemmi geht, und nicht andere bedrängen, sich mit Negativnummern abzuplagen.

Ich bin mir sicher, daß ich nun alles Wesentliche, was man über das Fotografieren wissen muß, genannt habe. Professionelle Fotokünstler werden das gern bestätigen und sich bei den zuständigen Stellen dafür einsetzen, daß mir dereinst von der Vizefriseurin des Staatssekretärs für Senioren und Reaktorsicherheit ein eiserner Ehrennagel in die Brust gerammt wird.

Sie denkt: «Was glotzen Sie so? Wenn der Bundespräsident zur Gartenparty in den Schloßpark Bellevue einlädt, kann man ja schließlich nicht in vollgekackten Jeans antanzen.»

Eine verläßliche Quelle des Mißvergnügens ist es, in einer fremden Stadt jemanden nach dem Weg zu fragen. Große Vorsicht muß man bei der Wahl der Auskunftgeber walten lassen. Nie darf man Paare fragen, denn die fangen sehr wahrscheinlich sofort an, sich wegen des Weges in die Wolle zu kriegen; man bevorzuge eine berufstätige Einzelperson mittleren Alters. Alte Leute haben oft zuviel Zeit und erklären einem auch um die Ecke liegende Straßen so umständlich, daß man meint, man müsse eine Expeditionsausrüstung und einen Sherpa mieten, bevor man sich auf den Weg macht. Keinesfalls frage man Kinder. Die wissen nie etwas. Meiner Erfahrung nach wissen 99 Prozent aller Unter-16jährigen nicht den Namen der Stadt, in der sie wohnen, oder aber sie fühlen sich von der Erkenntnis, daß es Menschen gibt, die nicht wissen, wo die Friedrich-Springorum-Straße in Düsseldorf-Düsseltal genau liegt, dermaßen überrumpelt, daß es ihnen die Zunge lähmt. Sie glotzen nur apathisch.

Noch unangenehmer freilich, als jemanden fragen zu müssen, ist es manchmal, selber um Auskunft angegangen zu werden. Fußgänger sind meist harmlos. Nur wenn einer wirklich unsympathisch ist, wird man ihn so schicken, daß er am Alexanderplatz von der S-Bahn in die U-Bahn nach Pankow umsteigen muß. Das schafft keiner auf Anhieb. Problematischer sind motorisierte Fragesteller. Den Kopf gefüllt mit erlesensten Eingebungen, spaziert man durch die Stadt, und an einer Ampel kurbelt ein Beifahrer das Fenster herunter und fragt einen nach dem Weg zu einer Baumschule in einem 15 km entfernten Stadtteil. Den Straßennamen wisse er leider nicht, doch man sei ja wohl Berliner und werde sich doch auskennen, nur fix müsse es gehen, es werde ja gleich grün, und er wolle den Verkehr nicht behindern. Einmal wurde ich von einem Autofahrer nach dem Schloß Schönbrunn gefragt, und ich sagte, das läge in Wien, er meine vielleicht das Schloß Charlottenburg, worauf der Autofahrer etwas von der sprichwörtlichen Unfreundlichkeit der Berliner zischelte und undankbar davonbrauste. Vielleicht liest jemand von der Konferenz der Kultusminister meine Zeilen. Ich habe nämlich eine kleine Bitte. Ich weiß nicht, mit was für Sätzen die Schulfibeln für Erstkläßler heute beginnen, aber zu meiner Zeit waren es die Sätze «Da ist Heiner» und «Ule, ule, ule, wir gehen in die Schule». Ich möchte bitten, bei den nächsten Fibeln als ersten Satz den folgenden zu nehmen: «Leute, die Autofenster herunterkurbeln und einen blöde Sachen fragen, neigen dazu, in Gedanken versunkene Passanten zu überfordern.» Gewiß werden die Kultusminister nicht die Herzenskälte haben, sich meiner Bitte zu verschließen.

Am häufigsten fragen Autotouristen nach dem Brandenburger Tor. Was wollen die Leute bloß immer von diesem pathetischen Gebälk? Es ist das ausgelaugteste Symbol der Welt. In meiner Kindheit gab es eine Margarine, der das Brandenburger Tor in Plastik beilag. Es ist ein Symbol für Freiheit, Unrecht, Einheit, Teilung, Krieg, pflanzliches Fett, Frieden und Vaterland, und für alles andere, was es sonst noch so gibt, ist es vermutlich auch ein Symbol. In den Jahren nach der Wende haben sich auf seiner östlichen Seite russische Händler breitgemacht, die kommunistisches Erinnerungsgerümpel verhökerten. Da schrie der Senat: «Rabäh, rabäh, das ist doch kein Weltstadtniveau.» Nun sind die Russen woanders, und das Weltstadtniveau wird von gähnender Leere und einer

Leierkastenfrau mit einem Dobermann verkörpert. Wenn ein Kind kommt, formt die Frau ein Lächeln, wie man es von Präsidentengattinnen auf Waisenhausbesuch kennt, und gibt dem Kind ein Bonbon. Noch mehr Weltstadtniveau hätte es, wenn die Musikantin den Kindern eine Scheibe Mortadella geben würde, so wie es Fleischer machen, wenn Stammkunden vom Nachwuchs begleitet werden. Es könnte ja eine Spezialmortadella sein, wo in der Mitte der Scheibe der Berliner Bär in einer etwas blutreicheren Wurstsorte dargestellt ist. Oder vielleicht lieber gekochter Schinken? Der ist eine große Plage. Bestellt man irgendwo einen Salat, ist es recht wahrscheinlich, daß die Rohkost von einer großen Zahl überriechender Streifen aus Formschinken verunziert ist. Manche Menschen haben noch nie eine Leiche gesehen bzw. gerochen – kein Problem! Man braucht bloß in einen Supermarkt zu gehen, eine Plastikfolie mit eingeschweißtem gekochtem Vorder- oder Hinterschinken zu kaufen und sie daheim zu öffnen. Getan werden muß dies über dem Ausguß, denn aus der Folie kommt eine scheußliche Flüssigkeit geronnen, eine Art Fett-in-Leichenwaschwasser-Emulsion. Die rosa bis purpurnen, meist deutlich nach Verwesung riechenden Scheiben soll man essen! Dies ist lediglich eine Information für nervenstarke Erwachsene. Jüngere Leser möchte ich bitten, sich mit einer Keule auf den Kopf zu schlagen, damit das Schreckliche aus ihrem Gedächtnis entweicht, denn solche Informationen hinterlassen bei jungen Heringen und Sprotten Narben im Gemüt.

Wie schützt man sich als Salatpatron vor Kochschinkenstreifen? Auf jeden Fall muß man Gaststätten meiden, in denen der Salat als «knackig» gelobt wird. In der Spezialsprache der Gastronomie ist «knackig» ein Synonym für «nicht frisch».

«Knackige Salate mit Super-Dressings» – die sollte man nicht essen, denn die stehen schon ewig herum. Frische wird in solchen Fällen durch Kälte simuliert. In einem vorzeigbaren Betrieb ist es selbstverständlich, daß der Salat vom Tage ist – man tut sich damit nicht auf der Speisekarte dicke. In gleicher Richtung interpretiere man «knusprig-krosse Croissants». Solche Anpreisungen lassen Naturidentisches, Emulgiertes,

Berliner Leben

Bestrahltes, Stabilisiertes und Kennzeichnungspflichtiges erwarten. Für andere Bereiche gilt ähnliches: Wo «topmodische Kleidung in superaktuellen Dessins» angeboten wird, sind nicht die neuesten Erkühnungen aus Mailand und Paris anzutreffen. Und sagt man etwa «der weltberühmte Komponist Beethoven»? Nein, das sagt man nicht. Dazu ist Beethoven viel zu bekannt. Viel eher hört man von dem weltberühmten Keulenschwingduo Marlies und Norbert Richter. Hat man je einen New Yorker Bürgermeister von der «Weltstadt New York» reden hören? Wohl kaum, denn es weiß ja jeder, daß New York eine Weltstadt ist. Muß man wirklich nicht dazusagen. Lediglich an der Spree hört man die Redenschwinger alleweil von der «Weltstadt Berlin» referieren. Berlin hat Knopflochschmerzen! So sagte man früher, wenn jemand allzu deutlich auf einen Orden erpicht war. «Weltstadt Berlin» – das hört sich doch an wie «Weltstar Tony Christie». Am schlimmsten trieb es in dieser Hinsicht die DDR. Deren Staatsführung war sich nicht zu dusselig, mitten in der Landschaft ortseingangsschildartige Metalltafeln aufzustellen, auf welchen stand: DIE DDR – EIN IN DER WELT GEACHTETER STAAT.

Man hüte sich, in sogenannten Weltstädten knackige Salate zu essen und Konzerte von Weltstars in topaktueller Kleidung aufzusuchen. Attribute dieser Art umgibt die Aura des Möchtegerns, des Abkupferns, des Geflickschusterten, des deprimierenden Ehrgeizes derer, die im ewigen Nebel hausen und nicht wissen, daß es einen Himmel gibt.

Unter einer Aura verstehen Okkultisten einen Lichtkranz, der den menschlichen Körper umscheint. Wenn der Lichtkranz verblaßt, kann man ihn reinigen. In Esoterikotheken gibt es für DM 17,50 ein Kräuterwasser, welches als «Aura-Dusche» bezeichnet wird. Einmal logierte ich in einer fremden Wohnung, und als ich morgens vom Zähneputzen kam, umsprang mich meine an sich prima Beherbergerin, besprühte mich mit Aura-Dusche und rief selig: «Es wirkt, es wirkt!» Natürlich wirkte nichts, denn ich habe leider keine Aura. Wenn ich eine hätte, hätte ich sie längst bei der GEZ angemeldet und würde die fälligen Gebühren vom Girokonto abbuchen lassen. Diese Einzugsermächtigungen ersparen einem ja viel Scherereien. Aber ich bin nur Deutscher, und als solcher habe ich keinen Anspruch auf eine Aura oder sogar Chakren. Als Deutscher habe ich gerade mal Anspruch auf eine Seele, und das reicht mir auch. Die Seele ist für einen Bürger Deutschlands das, was für eine Stadt die Fußgängerzone ist. Tagsüber boomt das Geschäft, aber nach Ladenschluß torkeln nur noch ein paar Zerzauste herum. Da ich aber ein Mensch bin und keine Gebietskörperschaft, habe ich keine historische Altstadt, sondern nur eine arme Seele. Doch wenn ich statt ihrer eine Altstadt hätte, dann stünde die nicht auf der Weltkulturerbe-Liste der UNESCO, denn sie wäre ein Reich der Gasfunzeln, Opiumhöhlen und Engelmacherinnen. Sie wäre ein glatter Fall für das Abrißkommando der UNESCO, von dem man ja immer wieder gern nie etwas hört.

Die schicksten Altstädte Deutschlands haben, wie jeder wissen sollte, Bamberg und Görlitz. Die Altstadt von Görlitz ist dermaßen ehrwürdig, daß sie sogar das einzige «Karstadt»-Warenhaus ohne Rolltreppen beherbergt. Der Denkmalpfleger hatte einen berechtigten Rolltreppenkoller bekommen, und nun wachsen den Görlitzern dicke Schenkel. Als ich einmal das Görlitzer Naturkundemuseum besuchte, war gerade der ausgestopfte Uhu umgefallen. Eine Museumsangestellte sagte zu einer Kollegin: «Och, unser alter Uhu! Fällt einfach um!» Das muß man sich nun in sächsischem oder Oberlausitzer oder niederschlesischem Dialekt, oder was immer die Frau sprach, vorstellen.

Es ist immer wieder schön zu hören, was die Leute zu erzählen haben. Ich meine jetzt nicht das altbekannte Dem-Volkaufs-Maul-Schauen. Dies ist ein fragwürdiges Tun, geschieht es doch meist entweder, um die Unverbildetheit «einfacher Menschen» zu idyllisieren, oder in der Absicht, den Leuten reaktionäre Ansichten zu unterstellen. Man sollte einfach mal hübsch horchen und nicht immer alles gleich einordnen und bewerten. Ich muß nicht alles mit meiner Meinung besudeln; mancherlei hat das gottverdammte Recht, von mir und anderen nicht kommentiert zu werden. Doch gelauscht werden muß. Sogar der in diversen Fernsehsendungen überstrapazierte Kindermund ist oft erbaulich. Ein mir bekanntes Baby bekam kürzlich einen Laufstall. Da sagte sein fünfjähriger Bruder: «Das Baby hat aber einen schönen Spielsalon.»

Was ich mit fünf alles gesagt habe, weiß ich nicht mehr. Ich muß aber mal ein Kind gewesen sein, denn ich kann mich noch gut an das Gefühl erinnern, im Dunkeln barfuß auf einen Legostein zu treten. Und natürlich an die leicht schleimigen Mortadellascheiben, die mir von Fleischerfrauen in den gierig nach oben gereckten Mund gestopft wurden. Die Fleischerinnen trugen ärmellose Kittel aus synthetischen Textilien, und auf ihren umfangreichen Oberarmen prangten riesige Impfnarben, und wenn ich nicht wüßte, daß man seinen Erinnerungen nur bedingt trauen kann, würde ich sagen, daß meine Kindheit überwiegend von uralten, unentwegt Zigarren schmauchenden Männern mit Kriegsverletzungen und Urinflecken am Latz der grauen, weiten Opa-Hose sowie von Fleischerinnen mit wabbeligen, impfnarbenübersäten Oberarmen bevölkert war. Die Opas husteten, die Frauen schrien.

Bei schreienden Frauen muß natürlich ein jeder sofort an den norwegischen Maler Edvard Munch und sein berühmtestes Gemälde «Der Schrei» denken. Mir wurde berichtet, daß es dieses Bild in amerikanischen Museums-Shops in aufblasbarer Form zu kaufen gebe. Dies erzählte ich neulich in einer geselligen Dämmerrunde. Ein Witzbold fragte daraufhin: «Wo gibt's noch mal den Schrei in aufblasbar? In Sexshops?» Darauf zerfiel die Geselligkeit in drei Fraktionen. Die erste hatte das Bild von Munch geistig nicht parat und verstand die Witzigkeit nicht. Die zweite versank wegen der Obszönität des Gedankens in stumme Zweifel an der ethischen Brillanz der Zechkumpane. Die dritte aber kugelte sich und schrie. Auch so kann man die bleiernen Nächte herumkriegen.

Am besten aber man bleibt daheim und festigt seine Sittlichkeit. Wenn man auf die Straße geht, kurbeln ja eh alle nur das Fenster herunter und fragen, ob man ihnen nicht mal ganz schnell sagen könne, wie sie zum Institut für Parasitologie in Berlin-Zehlendorf kommen. Da lädt man sich lieber Gäste ein. Neulich führte ich ein Video vor, das ich während einer Amerikareise gedreht hatte. Ich hatte mir Frühstück aufs Hotelzimmer bestellt, weil ich das sonst nie mache. Da ich mich im Badezimmer zu beschäftigen hatte, ließ ich einfach die Zimmertür offen. Der Kellner kam und wunderte sich, daß keiner da war; von meiner unauffällig plazierten Kamera wurde er beim Sich-Wundern gefilmt. Minutenlang stand er im Zimmer und machte gar nichts. Beim Betrachten der immens langweiligen Szene sagte ein Gast: «Wenn er schon nicht weiß, daß er gefilmt wird, könnte er sich wenigstens am Sack kratzen.» Da haben meine Gäste und ich recht herzlich schmunzeln müssen.

Die Presse vermeldet, daß das Europäische Kopfschmerzzentrum herausgefunden hat, daß Weißwein mehr Kopfschmerz verursacht als Rotwein. Wo befindet sich das Kopfschmerzzentrum? In Triest. Pah, Triest, mag mancher einwenden, das liegt ja im Ausland, wo die Menschen sich am Hintern kratzen. Nur keinen Tellerneid, entgegne ich da, auch unsere Städte sind nicht «ohne», sondern «oho». Fast jede Stadt unseres Landes hat etwas, wofür sie berühmt ist und worum sie beneidet wird. Flensburg ist bekannt für Punkte, Mannheim für Quadrate und Bad Reichenhall für Kugeln. Mozartkugeln für die, die es genau wissen wollen. Augsburg kennt man wegen seiner vielen Faulenz-Feiertage, Desirée Nosbusch wegen ihrer Fremdsprachenkenntnisse, und bei Eystrup denkt jeder sofort an Göbber-Marmelade. Es gibt Bamberger Hörnchen, Marburger Bänder, Ulmer Spatzen, Lüdenscheider Knöpfe, Nürnberger Trichter, Karlsruher Richter und Weimarer Dichter. Das Staubanalysezentrum befindet sich in Essen, die IG Lärm in Düsseldorf, das man sonst nur des Senfes wegen kennt. Tübingen hat die relativ meisten Talkshowgäste aller deutschen Städte. Berlin kennt man wegen seiner interessant vor sich hin mümmelnden Taxifahrer, von denen einer einmal zu mir sagte: «Ich merke sofort, wenn es kälter wird, dann fangen nämlich meine Jalousien an zu knirschen.» Manche Städte haben sogar mehrere Besonderheiten aufzuweisen, Peine zum Beispiel. Dort gibt es nicht nur eine Nachbildung der Pariser Place de la Concorde, welche allerdings ganz von Autos zugestellt ist. Peine ist auch ein Notanker für alle lyrischen Dichter, die daran verzweifeln, daß es in unserer Sprache kein Wort gibt, welches sich auf Mönch reimt, denn direkt am Peiner Hauptbahnhof befindet sich ein Friseursalon namens Dönch. So reich an special features Peine ist, so arm ist Wolgast in Vorpommern. Dort gibt es gar nichts, und keine berühmte Persönlichkeit war je so kapriziös, sich dort gebären zu lassen. Es ist wie verhext, als ob am Ortseingang ein Schild stünde: GEBOREN WERDEN VERBOTEN. Die Wolgaster ließen jahrzehntelang die Köpfe hängen, bis vor einigen Jahren zwar nicht direkt in der Stadt, aber in ihrer Nähe die größten Ameisenhaufen Deutschlands entdeckt wurden. Man ließ sie fotografieren, und nun hängen sie hübsch gerahmt im Rathaus. Der Bürgermeister ist seither viel selbstbewußter geworden und fühlt sich gar nicht mehr so sehr wie ein Mauerblümchen, wenn er sich mit seinen Amtskollegen aus Buenos Aires, Jerusalem etc. zum Rumbolzen trifft. Jede Stadt sollte irgendwas Chices haben. Stendal in der Altmark ist z. B. bekannt als Geburtsort des einzigen mir bekannten Altertumsforschers, der in Triest ermordet wurde, also da, wo später das Europäische Kopfschmerzzentrum aus dem Boden gestampft wurde. Johann Joachim Winckelmann hieß der Mann. Da er berühmt ist, versteht sich von selbst, daß man in Stendal nach einem Winckelmann-Museum jiperte. Nur was sollte man da hineintun? Ein reines Lese-Museum wollte man nicht einrichten, also keines, wo man nur vor Schautafeln steht und mit verschränkten Armen Lebensdaten abliest. Es fanden sich zwar ein paar steinerne Zeugen von irgendwas und die üblichen alten Pötte, aber es blieben viele Ecken leer. In eine der Ecken stellte man daher ein durchgelegenes Bett. Nicht das des Archäologiebegründers selbst, in welchem er von Trümmern träumte, sondern dasjenige seines *Vaters*. Als ich das Bett sah, dachte ich: «Sollte man mir einmal postume Ehren erweisen wollen, hätte ich echt gern, daß das auf andere Weise geschieht als dadurch, daß man fremden Leuten gegen Eintritt das Bett meines Vaters präsentiert.» Die Sache mit dem Bett erzählte ich dem psychedelischen Zeichner Eugen Egner, welcher davon seinem Vater weiterberichtete. Dieser aber gab kund, daß er gar nichts dagegen hätte, wenn man eines Tages sein Bett ausstellen würde, er habe manch vorbildliche Stunde darin vertrollt, worauf Egner jun. ausrief: «In mein Museum kommt dein Bett nicht!» Ein Wort gab das andere, der Haussegen schwankte ein Wochenende lang. Das war nicht meine Absicht gewesen, und nun weiß ich, daß man niemals andere Leute mit Bettgeschichten behelligen soll.

Es gibt auch Städte, die für ihren schlechten Ruf berühmt sind. Ein nicht tot zu kriegender Unfug ist, daß Bielefeld die Kapitale der Spießigkeit sei. Wenn man den Namen nur erwähnt, grinsen die Menschen schon eingeweihtheitsselig. Sonderbar ist, daß selbst dort wohnende Menschen von der Rückwärtsgewandtheit Bielefelds überzeugt sind. Man kann dort in superwilden Szenekneipen mit topmodisch zurechtgemachten Persönlichkeiten an einem dreieckigen Aluminiumtisch sitzen und sagen: «Was ist denn an Bielefeld spießig? Der Plattenladen ‹ween› ist doch genauso gut wie der Plattenladen ‹dragnet› in Aachen. Überall kann man mit *herrlich respektlosen* Slogans bedruckte T-Shirts kaufen, und da hinten ist ja auch ein grelles Stadttheater, wo doch sicher auch Stücke gespielt werden, wo gleichzeitig live masturbierende und live abkotende Schauspieler warme Eingeweide auf brennende amerikanische Flaggen werfen; das ist doch ein reges Geistesleben!» Die Persönlichkeiten blicken aber nur trübe und lassen sich nicht umstimmen. Wenn man durch Deutschland reist, wird man immer wieder an Leute geraten, die einem gleich zur Begrüßung ein Klagelied darüber singen, daß es gerade in ihrer Stadt besonders öde, geistig eng und altbacken zugehe. Dieses bekannte Phänomen ist andernorts bereits treffend als Lokalmasochismus bezeichnet worden. Wahr ist wohl, daß sich in der Bielefelder Geschichte kaum pompöse Vorkommnisse finden und daß die Stadt für weniges berühmt ist. Für immerhin zweierlei könnte sie aber berühmt sein: 1) Kleinste deutsche Stadt mit *eigener* U-Bahn, 2) Hauptstadt des Lokalmasochismus. Weiterhin ist der «Bielefelder Katalog» für klassische Musik ein Begriff, und kauft man Linnen und Wirkwaren, dann ist darauf achtzugeben, daß diese von «Bielefelder Qualität» sind, sonst ärgert man sich dumm und dämlich über den vorzeitigen Verschliß der Linnen und Wirkwaren.

Genauso schlecht ist der Leumund von Hannover. Diese Stadt wird landesweit als besonders langweilig und häßlich gescholten. Es gibt einen Cartoon des von mir sehr verehrten Zeichners Freimut Wössner, auf dem ein Bus mit der Aufschrift STADTRUNDFAHRT HANNOVER zu sehen ist, dessen Insassen alle schlafen.

Woher rührt nur der üble Ruf? Man kann sich leicht davon überzeugen, daß Hannover über attraktive Wohngebiete und ein anständiges Kulturangebot verfügt. Giftgrüne öffentliche Verkehrsmittel bringen einen überall hin. Mit Langenhagen verfügt die Stadt über einen Flughafen mit einer ausdrucksstarken Landebahn, einem Kiosk und gewiß mehr als nur einer leistungsfähigen Damentoilette. Hannovers Bewohnerschaft sollte nicht schamgebeugt, sondern mit

Sonne pur. Jetzt ein Drink. Mit Salzrand. Wow. Sieht er zu mir rü-
ber? Schönes «Päckchen». Man sieht sich beim Relaxen im Jacuzzi.
Nur Spießer sagen noch Whirlpool dazu. Deutschland ist Extase. Zu
jeder Jahreszeit.

geschwollenen Brüsten durch den «Park der Partnerstädte»
hinterm Rathaus patrouillieren. Die Fußgängerhölle aller-
dings ist wirklich hardcore. Es ist die wohl superfieseste
Hardcore-Fußgängerhölle des Landes. Darin erlebte ich
aber mal ein nicht auf den Mund gefallenes Schlitzohr von
Bettler. Der Bettler saß im Schmutz und bettelte. Ein feiner
Herr kam und fragte: «Soll ich Ihnen zwei Mark geben?»
Der Bettler erwiderte: «Nein.» Eine freche, erfrischende
Antwort auf eine dumme Frage. «Hannover – eine Stadt gibt
freche Antworten»: das könnte der Titel eines Propaganda-

videos der Tourismusbehörde sein. Doch der Ruf ist wohl für immer hinüber. Jeden Abend weint der Bürgermeister. Wirklich: Wenn das Zubettgehen des Hannoveraner Bürgermeisters allabendlich live vom Fernsehen übertragen würde, könnte die ganze Nation sehen, wie eine kleine Träne seine Wange hinabrollt. «Jetz weenta wieda», würden das die pampigen Berliner kommentieren. Ich bin übrigens sehr dafür, daß das bürgermeisterliche Zubettgehen live gesendet wird. Das könnte sehr hilfreich für die Stadt sein. Man muß freilich drauf achten, daß man es nicht zu dröge aufzieht. Medienberater müßten her, die ihn davon abhalten, seine Socken auf eine Schaukelstuhllehne zu legen, nachdem er an ihnen gerochen und gesagt hätte: «Die gehen morgen noch». Es müßte ihm ausgeredet werden, einen seit 20 Jahren nicht gewaschenen Bademantel zu tragen, und ganz gewiß sollte ihm nicht noch das halbe Sauerkraut vom Abendessen aus den Mundwinkeln heraushängen. Jungle-Musik oder Ostblock-Easy-Listening sollte er hören bei seinen Zurüstungen zur Nachtruhe und dabei nicht versäumen, seinen Körper mit japanischen In-Ölen einzuölen. Einen bleibenden Eindruck hinterließen ein Modeschöpferschlüpfer, und zwar einer, der vorn ein «schönes Päckchen» macht sowie Bettwäsche, die von irgendeiner New Yorkerin entworfen ist, die Madonna persönlich kennt, am besten wäre Apfelmännchen-Bettwäsche. Die Bettwäsche-Designerin könnte während der Live-Übertragung auch mal anrufen und dem Bürgermeister erzählen, daß sie Madonna hat bewegen können, sich für ihr nächstes Video im Rathaus von Hannover dabei filmen zu lassen, wie sie ordinär auf einem Barhocker sitzt und einem Goldfisch gleich den Mund offenstehen läßt als erwachsene Frau. Oder es wird gezeigt, wie sämtliche

Bürgermeister aller als langweilig geltenden Städte gemeinsam zu Bett gehen, das Bett kriegt Flügel und erhebt sich ins All, und dann gurken die da umher, so wie in dem einen Video von «Snap», wo die Frauen auf einem lächerlichen kleinen Raumschiff sitzen und einen lächerlichen kleinen Planeten umkreisen. Das wäre nicht schlecht für das Image von Hannover. Aber Hannover ist auch so okay.

Man kann von Hannover aus auch prima ans Steinhuder Meer fahren, ein Aalbrötchenbudenparadies, an dessen Ufer sich früher mal ein Schild befand, auf dem stand: Das Bewerfen der Meeresoberfläche mit Gegenständen ist verboten. Miese kleine Gangster, die enormen Wert darauf legen sollten, mir nicht im Dunkeln zu begegnen, haben das schöne Schild weggemacht.

Es ist ein altmodischer Standpunkt zu denken, man könne nur in Berlin artgerecht vor sich hin vegetieren. Vor zwanzig Jahren mag das wahr gewesen sein. Da war es außerhalb Berlins ein kultureller Höhepunkt, wenn mal eine Jalousie knirschte. Heute ist überall was los. Die Dörfer sind heute voll mit Schwulenpuffs und Techno-Diskotheken. Falls nun ein bekopftuchtes Kräuterweib mit dem Kopf schüttelt, möchte ich ihm versichern, daß ich bei dieser kleinen Übertreibung eine Portion augenzwinkernden Schabernacks im Schilde führte. Aber man kann heute auch in Ulm In-Öle und Herrenstrapse kaufen und Kaffee, der nicht Kaffee heißt, trinken.

Überall läuft der gleiche Schnulli ab. (Diese häßliche Formulierung mußte auch mal dokumentiert werden.) Mich haben die muskulösen Tentakeln des Wohnsitz-Krakens vor einigen Monaten von Berlin nach Hamburg geschleudert, und es ist kein großer Unterschied. Stadt ist Stadt. Man kommt abends nach Hause und ißt eine vor vier Wochen gekaufte Mandarine. Die Mandarinenschalen legt man in einen bereits vollen Aschenbecher. Dann raucht man noch ein bißchen und drückt die neuerlichen Zigaretten in den Mandarinenschalen aus, die dabei leise zischen. Dann wird Tee getrunken. Der Teebeutel kommt auch in den Aschenbecher und befeuchtet auf unschöne Weise die oberhalb der Mandarinenschalen gelegene Stummelschicht. Weitere Zigaretten werden im Teebeutel ausgedrückt. Zum Schluß gibt's Wein. Den Korken und das sinnlose Metallzeug vom Flaschenhals fügt man dem übrigen Unrat hinzu, und siehe da, vor einem erhebt sich nun ein richtig unappetitlich überfüllter Feierabend-Aschenbecher. Ob diese volkstümliche Szene in Berlin oder Hamburg aufgeführt wird, ist völlig schnuppe.

Man könnte noch ein gebrauchtes Kondom hinzufügen. Ob es zischt, knallt oder stinkt, wenn man eine Zigarette in einem vollen Kondom ausdrückt, ist eine Frage, die ich einer noch in den Windeln liegenden Kolumnistengeneration überlassen möchte. Die kolumnieren dann auf CD-ROM oder so was, und, auf kleinen Raumschiffen, eiern spitzbusige Frauen singend durch die Zeilen. Was allerdings passiert, wenn man eine Zigarette in einer vollen Windel ausdrückt, würde ich schon jetzt gern wissen. Posaunt es heraus, ihr Mütter draußen im Land.

Einige kleine Unterschiede gibt es zwischen Berlin und Hamburg durchaus. Da es in Hamburg nur wenige Häuser mit Hinterhöfen gibt, ist oft kein Platz für Mülltonnen, und die Leute tun den Müll in graue Säcke, die einfach an den Straßenrand gestellt werden. Die Gegenden, wo dies so gehandhabt wird, nennt die Stadtreinigung «Grauer-Sack-Gebiete». Es ist deprimierend: Da möchte man endlich mal weg aus dem übelgelaunten Berlin, und wo landet man? In einem Grauer-Sack-Gebiet. Die namensstiftenden Säcke sollen natürlich zugebunden werden. Viele Hamburger tragen aber Slipper, Opanken, Fußreflexzonenmassagelatschen, Clogs, Pumps, Pantoletten und holländische Holzschuhe, das heißt: sie können keine Schleife. Die Säcke werden daher mit braunem Tesa-Band zugeklebt. Solcherlei amateurhafte Verschlüsse sind von geringer Lebensdauer, und so ist es kein Wunder, daß die Hamburger morgens dicke Ringe unter den Augen haben, denn an Schlaf ist nicht zu denken, wenn die ganze Nacht Hundefutterdosen durch die Straßen scheppern. In den Zeitschriften werden Kurse in Shiatsu und Qi-Gong angeboten. Liebe Hamburger, das läuft euch nicht weg. Aber zuerst müßt ihr lernen, eine Schleife zu machen.

Wenn man eine Schleife machen kann, fühlt man sich viel sicherer und selbstbewußter. Die Seele wird eins mit dem Körper, weil man sie entschnüren kann! Wer nämlich eine Schleife binden kann, der kann sie auch wieder aufknüpfen. Meistens zumindest. Wer eine Schleife kann, der kann auch richtig feste Schnürschuhe tragen und muß nicht in Espadrilles durch die hier allgegenwärtigen Unratanhäufungen waten. Ich habe als Kind mithilfe eines Kochlöffels «Schleife gelernt». Welche Funktion der Kochlöffel genau hatte, weiß ich nicht mehr.

Sollte es jemanden geben, der schon einmal mit einer Schere seine Schnürsenkel aufschnitt, weil er die Schleife nicht aufkriegte, hat dieser eine den sozialen Nimbus nicht verbessernde Gemeinsamkeit mit einem seit kurzem in einer norddeutschen Stadt, die nicht genannt werden will, wohnenden

Kolumnisten, der erst recht nicht genannt werden möchte. Zu rätselhaft formuliert? Kleiner Tip: Die Stadt mit den Ameisenhaufen ist es nicht. Es ist eine Stadt, die neulich nach 1100jähriger Unterbrechung wieder Erzbistum wurde. Es gibt wohl nur wenig anderes auf der Welt, was auf eine 1100jährige Unterbrechung zurückblicken kann. Superunterbrechung eigentlich. Den alten Bischof haben die Wikinger weggejagt. Rülpsend. Man sagt doch immer, die Wikinger hätten ständig gerülpst, oder? Und überall Knochen hingeworfen und hinterher nicht weggeräumt zur großen Freude von Leuten, die später langweilige Museen eröffneten.

Es gibt noch einen weiteren Unterschied zwischen Berlin und Hamburg: Der Satz «Seit die Spirale die Giraffe übernommen hat, heißt die Giraffe die ‹Spirale in der Giraffe›» ist in Hamburg niemandem verständlich. In Berlin dürften immerhin einige Bewohner des Bezirks Tiergarten wissen, von was die Rede ist. Die «Spirale» und die «Giraffe» sind zwei dort befindliche Restaurants, und die «Giraffe» wird jetzt von der «Spirale» mit-bewirtschaftet. Den wundervollen Satz las ich mit wohligem Schauer auf einem Briefkasten-Flugblatt, auf welchem die Bevölkerung darüber informiert wird, daß die «Giraffe» «Spirale in der Giraffe» heißt, seit die «Giraffe» von der «Spirale» übernommen wurde.

PS: Jedesmal wenn ich einen Mannheimer treffe, frage ich ihn, ob die Mannheimer, wenn sie einen Zechbummel durch ihre in Quadrate aufgeteilte Innenstadt machen, in der die Straßen «F6» oder «Q8» heißen, ob sie dann sagen würden: «Wir machen einen Zug durch die Quadrate». Immer wurde mir das schroff, barsch und brüsk verneint. Das nervt langsam. Ich will, daß das endlich mal bejaht wird.

Nachbemerkung: Man war so lieb, mich zu informieren, daß Philipp Otto Runge (1777–1810) in Wolgast geboren wurde. Das ist natürlich ein sehr bedeutender Maler, aber besonders lange gelebt hat der ja nicht. War er zu faul zum Leben? Sterben ist zwar an sich das Rücksichtsvollste, was man seinen Nachfahren antun kann, aber das gilt nicht für liebe Purzel und bedeutende Künstler. Solche müssen ihr Sterbebett in den Keller tragen, oder noch besser: öffentlich verbrennen, damit sie ja nicht auf dumme Gedanken kommen.

Wespen – Ihr starker Partner, wenn's um Wespenstiche geht.

Es gibt als gesichert geltende Sachverhalte, die ich einfach
nicht glauben mag, ich streck den Kompetenzen die Zunge
entgegen und bin renitent wie ein Esel auf Kuba. Daß träge
fließende, breiige Buttermilch viel weniger Kalorien haben
soll als munter ins Glas purzelnde Vollmilch, glaube ich z. B.
nicht, obwohl es in allen Tabellen steht. Mein Unglaube ist
frech, doch mein Recht. Oder daß die menschliche Zunge
nur vier verschiedene Geschmacksrichtungen zu erkennen
in der Lage ist, süß, sauer, bitter und salzig. Daß alles andere
Geruch und Gefühl für Konsistenz sei – glaub ich nicht!
Meine Zunge kann mehr! Man versiegele meine Nase, binde
mir die Augen zu und mich an einen Pfahl und füttere mich
mit Tuttifrutti – ich erkenne jede Frucht. Woran ich ebenfalls
gar nicht glaube, ist die Existenz von Sprinkleranlagen.
Wenn man zu öffentlichen Zurschaustellungen geht, werden
vor Beginn der Veranstaltung die Scheinwerfer oft auf einen
Professor oder Pedell gerichtet, welcher sagt, man dürfe auf
keinen Fall rauchen, denn das würde die Feuermelder akti-
vieren und/oder eine Sprinkleranlage in Gang setzen. Es
könnte ebensogut gedroht werden, wer raucht, käme in die
Hölle. Über die Hölle gibt es auch nur christliche Vermu-
tungen, und nie habe ich eine Sprinkleranlage in action erlebt. Nie habe ich nasse Menschen ein Theater verlassen sehen. Vielleicht fehlt es mir nur an Lebenserfahrung, aber ich
kann mir gar nicht vorstellen, daß über Veranstaltungsräu-
men in Zwischengeschossen Wasserbettmatratzen lagern,
die vor Zorn platzen, wenn einer eine Zigarette raucht. Angenehm wäre das möglicherweise. Kann ja sein, daß es sogar

erregend ist, sich ein bißchen ansprinkeln zu lassen während einer faden Show. Der Mensch läßt sich ja von mancherlei erregen. Einmal las ich eine Anzeige, in der ein Mann eine Dame suchte, die sich gegen ein «großzügiges Taschengeld» dabei fotografieren läßt, wie sie in Abendgarderobe in einen Schlammtümpel steigt. Was ich auch nicht glaube, ist, daß der Mann eine geeignete Dame gefunden hat. Und wenn doch, wie mag sich die Partnerschaft entwickelt haben? In der ersten Zeit werden sie «es» (Tümpelhüpfen) noch jede Nacht gemacht haben und gleich nach dem Aufwachen noch mal. Mit der Zeit wird die Leidenschaft nachgelassen haben, und nach zwanzig Jahren wird sie nur noch einmal im Jahr in den Tümpel steigen, am Valentinstag vielleicht, und sie wird dabei häkeln und gähnen und an andere Männer oder andere Tümpel denken, und er wird die Filme gar nicht mehr zum Entwickeln geben, oder er wird nur noch eine Kameraattrappe benutzen, eine, worin man Bilder vom Vierwaldstätter See sieht, wenn man hineinblickt.

Und noch vieles andere glaub ich nicht: Ich glaube nicht, daß der Mensch täglich eine warme Mahlzeit braucht, ich glaube nicht, daß in dem Märchen «Der Froschkönig» die Prinzessin den Frosch küßt, und ich glaube nicht an die Unbefleckte Empfängnis. Weil nämlich, aus folgendem Grund: Wie soll denn das vor sich gehen? Wenn Fromme kommen, sag ich immer: «Geht doch gar nicht!» Das ist nach Adam Riese überhaupt nicht möglich, und Maria hat ja viele Jahre *vor* Adam Riese den Erdball bevölkert, da wird es erst recht nicht möglich gewesen sein. Daß aber in meinem Kalender am 8. Dezember «Mariä Empfängnis (Österreich)» steht, finde ich super. Schon allein wegen des Ä. Das Ä in Mariä macht echt Laune. Es ist ein veritables Fun-Ä. Viele Völker beneiden uns Deutsche und die Schweden und Norweger wegen unseres verbrieften Rechtes, Pünktchen auf Buchstaben zu streuen. Man denke an Gruppennamen wie «Hüsker Dü» oder an das amerikanische Erfolgseis Häagen Dasz. Ohne die «geile europäische Schreibweise», ohne die schrillen Umlaute hätten weder die Band noch das Fettzeug so einen Anklang gefunden. Die muttergöttlichen Ä-Feiertage – es gibt auch noch Mariä Himmelfahrt, Mariä Geburt, Mariä Lichtmeß (die scheint dauernd irgendwas angestellt zu haben) – sollte das ganze Volk begehen. Die einen preisen Maria, die anderen den Umlaut. Schöne Prozessionen sind denkbar: Vornweg gehen die Frommen und rufen «Mari-, Mari-, Mari-», die weniger Frommen schreiten hintan und rufen «Ä, Ä, Ä». Man muß allerdings recht zart artikulieren, damit es nicht wie das Getröte bei Fußballspielen klingt. Auf diese Weise hätten alle was von den «tollen Tagen». Volksgruppen fielen einander in die kontaktarmen Arme.

Doch die Volksgruppen meiden einander. Bei vielen Leuten ist es so: Wenn sie ihre Wohnung verlassen möchten und merken, es kommen Leute aus den oberen Geschossen heruntergetrampelt, dann warten sie erst mal, bis diese an ihrer Wohnung vorbei sind, damit sie ihnen nicht «Guten Tag» sagen müssen. Ich weiß dies aus meinen Mitbürgergesprächen. Statt Menschen aus ihrer Gegend kennenzulernen, haben die Leute einen weitverstreuten Bekanntenkreis. Um zu den Bekannten zu kommen, müssen sie mindestens eine halbe Stunde fahren und sich eine Woche vorher anmelden. Die allerbesten Freunde wohnen freilich sowieso in andern Städten. Selbst getanzt wird fern des eigenen Reviers. Man denke an den Rave-Tourismus. In Berlin gibt es mannigfaltige Tanzflächen; auch in Hamburg ist gut hüpfen. Trotzdem treffen sich Hamburger und Berliner auf einem zwischen beiden Städten gelegenen Acker voll grauenerregender Dixie-Mietklos und hüpfen um diese herum. Warum lernen die Leute nicht einfach ihre Nachbarn kennen und tanzen mit denen? Der Ausreden sind viele: «Die haben so blöde Aufkleber am Auto.», «Die wählen bestimmt CDU.», «Die saufen.», «Die haben Hufe und haarige Tatzen.», «Die hören so schreckliche Musik.», «Mit jemandem, der ein so lächerlich quäkiges Sexgestöhne von sich gibt wie die Frau, die unter mir wohnt, könnte ich mich nie ernsthaft unterhalten.», «Nachbarn kennenlernen, schön und gut. Aber wenn die dann in Urlaub fahren, darf ich so lieb sein und ihre vier dänischen Doggen einhüten, und ich will mir nicht extra irgendwelche scheußlichen Viecher kaufen, nur damit ich mich bei ihnen dafür rächen kann.»

Es ist beachtlich, wegen was sich die Volksgruppen entzweien können. Vor vielen Jahren tobte unter deutschen Hausfrauen der Tortenbodentortenkonflikt. Tortenbodentorten sind wohl etwas passé, daher eine kleine Erklärung: In Geschäften gab es fertige Tortenböden aus sehr langweilig schmeckendem Biskuitteig zu kaufen. Daheim bewarf die Hausfrau den Tortenboden mit eingemachtem Obst und überzog die Kompottschicht anschließend mit rotem oder farblosem Tortenguß. Vorzugsweise «auf Balkonien» oder im Schrebergarten verzehrte das kleinbürgerliche Milieu diese Torten in großen Mengen. Edelleute mit Monokel standen derweil am Gartenzaun und sagten: «Guck mal, die einfachen Leute!» «Komm Eugenie, wir bleiben hier nicht stehen.» Der Tortenkonflikt entzündete sich an der Puddingfrage. Manche Hausfrauen pflegten vor dem Auflegen des Eingekochten einen Zentimeter Vanillepudding auf den Tortenboden zu streichen, damit das Obst nicht durchsuppt.

Andere unterließen dies. Die beiden Gruppierungen beargwöhnten einander und wechselten gegebenenfalls die Straßenseite. In den Augen der Puddingschichtlerinnen waren die anderen Frauen Schlampen, die ihren Gästen durchgesuppten Kuchen zumuten. Die Nichtpuddingdamen sagten: «So schnell suppt das schon nicht durch», und hielten ihre Konkurrenz für pedantische Angeberinnen, die «was Besseres» darstellen wollen.

Nach diesem Blick zurück in versunkene Epochen möchte ich wieder paris-exklusiv von den Schlachtfeldern der Gegenwart berichten. Die Tücken meiner Situation nötigen mich gelegentlich, die Provinzen zu bereisen und in Hotels zu nächtigen. Mancherlei Innovation hat sich die Hotellerie in den letzten Jahren ausgedacht. Pornofilmkanäle gehören in den meisten Hotelketten mittlerweile zur Standardausstattung der Zimmer, aber wehe, man fragt an der Rezeption, ob man einen Regenschirm ausleihen kann, das wird verneint, und wenn man sich nun ungeschützt ins Regenwetter trollt, dann tuschelt die Belegschaft über den Sonderling mit den anmaßenden Wünschen. Statt Service bieten Hotelketten lieber Gimmicks, z. B. so nervenzerrüttende Dinge wie *Monitorbegrüßungen*. Zuerst muß man eine Lochkarte oder einen Plastikschniepel durch einen Schlitz hindurchratschen, um die Tür zu öffnen. Da man so etwas erstens nicht täglich macht und diese Systeme zweitens nicht ausgereift und störungsanfällig sind, dauert das mindestens doppelt so lang wie mit einem Schlüssel. Hat man die Tür endlich auf, geht automatisch der Fernseher an, und eine Schrift auf dem Bildschirm brüllt einem entgegen: HERZLICH WILLKOMMEN HERR SOUNDSO. Gleichzeitig erklingt «fröhliche Begrüßungsmusik». Neulich war dies, in silvesterpartygemäßer Lautstärke, «Spaniens Gitarren» von Cindy und Bert, also das Lied, in dessen Text uns Gitarren «mit Tönen verwöhnen». Ich wollte die frohsinnige Agitation zum Verstummen bringen, doch ich fand keinen Weg. Nach einer Viertelstunde gingen Monitor und Musik von alleine aus. Zwecks abermaligem Erschrecken. Da Zimmerreservierungen meist telefonisch durchgeführt werden und der Buchende oft nicht identisch mit dem Gast ist, ist die Monitorbegrüßung gelegentlich inkorrekt. Einmal brüllte mir der Monitor entgegen: HERZLICH WILLKOMMEN FRAU BAUERNGOLD STADTBÜCHEREI. «Ich bin nicht Frau Stadtbücherei», polterte ich, doch rasch wurde mir klar: Frau Bauer von der Stadtbücherei hatte ein Zimmer für Herrn Goldt reserviert, und die Person am Empfang hatte einen ganz, ganz anstrengenden Tag. Eine Hotelkette hat neuerdings Spezialzimmer für alleinreisende Geschäftsfrauen. Diese Zimmer unterscheiden sich von den Zimmern für Herren durch zweierlei. In der Naßzelle wartet ein Vergrößerungsspiegel auf kosmetische Bemühungen, und in der Trockenzelle steht ein Blumenstrauß. Man muß plumpeste Ironie aufbieten, um diese Sonderbehandlung zu rechtfertigen. Etwa in der Art: «Klar doch, Männer hassen Blumen! Männer, die sich an einem Blumenstrauß erfreuen, gibt's doch nur in Schwulibert-Geilhuber-Romanen. Und was soll ein Mann mit einem Vergrößerungsspiegel? Wenn er, wie sehr viele Männer, am Kinn oder am Hals eine ‹schwierige Stelle› hat, also eine, die millimetergenauer Schabungen bedarf und nur unter dem Risiko des Blutvergießens zu rasieren ist, hilft ihm ein Vergrößerungsspiegel überhaupt nicht weiter!» Da aber plumpe Ironie keine Freude bereitet, sage ich: Gleiche Zimmer für alle Rassen und Klassen. Nieder mit dem Lady-Sexismus! Übrigens habe ich einmal einen Hotelblumenstrauß gesehen – er war gut und gerne zwanzig Mark wert. Trotzdem sind die Damenzimmer nicht teurer. Das bedeutet also, daß ich die Behaglichkeit von herumzigeunernden Rüstungskonzernchefinnen, Pornoproduzentinnen, Talkshowmasterinnen und nasebohrenden Massenmörderinnen mit meinem durch Bescheidenheit, Fleiß und Edelmut erwirtschafteten Geld mitfinanzieren muß! Wo doch die Wartung von Frauen bewohnter Zimmer ohnehin teurer kommt! Ein von einer Frau benutztes Handtuch muß wegen der Lippenstiftspuren stundenlang gekocht werden. Ein Handtuch, das von einem Mann benutzt wurde, muß man eigentlich nur tadelnd angucken, schon ist es wieder duftig rein. Man denke auch an die Bettwäsche. Erst suhlen sich die Damen in Schlammtümpeln, dann legen sie sich ins Bett, auf meine Kosten. Dazu sage ich: Nein!

Was allgemein abgeschafft gehört, ist die sogenannte Mini-Bar. Spät kommt der alleinreisende Geschäftsmann auf sein Zimmer. Wäre er eine Dame, könnte er ein bißchen am Blumenstrauß schnuppern, aber er hat ja wegen dem Lady-Sexismus keinen gekriegt, und er fühlt sich ausgelaugt und verzehrt sich nach den lieben Daheimgebliebenen oder sehnt sich nach sonstwas. Und was steht scheinbar freundlicherweise direkt neben seinem Kopfkissen? Ein prall mit Alkoholika gefüllter Kühlschrank. Welch ein bösartiges Profitieren von dem Wissen um die Schwäche eines einsam die Nacht bestreitenden Berufsvagabunden! Mich persönlich schützt eine oft im rechten Moment auftretende Knickerigkeit vor der Nutzung der perfiden Schränke. Anderen ist in solchen Momenten alles egal. Man sieht das anderntags am Frühstücksbuffet: Viele sehen aus wie der grausige Fund in der Zeitschriftenmeldung «Spaziergänger machten einen grausigen Fund».

Natürlich gibt's auch heitere Momente in Hotels. Ich entsinne

Moderne Hotelketten bieten für alleinreisende Geschäftsfrauen Zimmer mit folgendem Sonderzubehör: 1. Blumenstrauß (zum Dranschnuppern), 2. Vergrößerungsspiegel (zum Pickel ausquetschen), 3. Verzweifelter Mann (zum Trösten).

mich an ein Hotel in Hamm/Westfalen, welches eine besonders dumme Protzarchitektur aufwies. Der Frühstücksraum befand sich unter einem merkwürdig geformten und offenbar nur schwer zugänglichen Glasdach. Beabsichtigt war, die Gäste quasi unter freiem Himmel frühstücken zu lassen. Resultat dieser Bemühung war, daß man trotz vormittäglicher Stunde bei elektrischem Licht saß, denn das Glasdach war fast vollständig von Federn und Vogelkot verkrustet. Bleiben wir beim Frühstück. Die Frühstücksbuffets etwas besserer Häuser sind oft gekrönt von einer großen Ananas. Natürlich nimmt niemand die Ananas, denn zum Schälen dieser Frucht braucht man eine teure Ausbildung oder hartgesottenes Personal, wie es Sophia Loren haben dürfte, die täglich eine Ananas ißt. Mir bereitet es oft Vergnügen, mir vorzustellen, wie die Hotelangestellten gucken würden, wenn ich mir die Ananas nähme, zu meinem Platz trüge und dort vertilgte. Die meisten vergnüglichen Momente in Hotels ereignen sich aber beim Studieren des Hausprospektes. In der Broschüre der Hotelkette «EuroRing» fand ich folgende Schönheit: «Harmonisch verbinden sich Hotel und Natur und ergänzen sich durch begeisternde Details durch Formen und Farben zu einer Symbiose aus Wünschen und Erlebnis.» In den Begrüßungsunterlagen des ParkHotels Gaggenau ist zu lesen: «Bei uns zu wohnen ist genauso angenehm, wie bei uns zu arbeiten.» Am meisten begeistert hat mich jedoch eine Anpreisung im mehrsprachigen Prospekt eines tschechischen Hotels: «Alle Zimmer sind mit Duschen und Telefonen verziert.»

Ein volkskundliches Interesse verpflichtet mich, gelegentlich das Warenangebot der Firma Aldi in Augenschein zu nehmen. Wie billig alles ist! 200 g Räucherlachs für 3,98 – Konservative könnten etwas von einer Profanisierung des Besonderen murmeln. Es ist beachtenswert, wie rasch Produkte, die noch vor kurzem als ausgesuchte Delikatessen galten, sich einen Platz im Aldi-Sortiment erobern, kanadischer Wildreis etwa. Auch die Macadamia-Nuß, andernorts noch als «teuerste Nuß der Welt» beworben, liegt schon bei Aldi aus, für DM 3,99 das Viertelpfund. Interessant sind auch die Namen vieler Produkte, sie sind noch sonderbarer als die von Ikea. Über das Haken-Set namens «Ömsen», die Schachtel, die «Love» heißt, und das Kaffeeservice «Gulasch», schmunzelten schon Generationen von Regalbesitzwilligen. Aber wilder noch ist wohl, daß die Körperlotion von Aldi nach einer in Greifswald gelegenen Klosterruine benannt ist: Eldena. Ein Streichkäse trägt den Namen Creme Noblesse. Der Fruchtaufstrich, der vor kurzem noch Ouvertüre hieß, heißt nun Marmelinchen. Das Hanuta heißt Nutoka, das Nutella Nusskati, der Lady Cake heißt Marina, Speisepulver nennen sich Albona, Milchprodukte Milsani, und man kann wählen zwischen den Ölen Butella und Brölio. Wäre die Luft kein gottgewollter Gratis-Naturgascocktail, sondern ein Aldi-Produkt, dann hieße sie Aerosina, und wenn die Luft von Ikea hergestellt würde, dann wäre ihr Name wohl Stinksvans.

Wenn ich schon bei Aldi bin, gucke ich natürlich nicht nur, sondern kaufe auch etwas. Erstens den Kaffeeweißer Hollands Completa, weil alle anderen Kaffeeweißersorten den Kaffee töten, so wie Knickerbocker die Theaterstimmung töten, wie jeder weiß, der das eine alte Benimmbuch besitzt, in dem ein Foto von einem Mann in Knickerbockern ist, unter welchem steht: «Knickerbocker töten die Theaterstimmung», und zweitens ein Zehnerpack Toilettenpapier, weil man dann eine Weile Ruhe hat vor Situationen, in denen es heißt, mit runtergelassenen Knickerbockern in die Küche zu trippeln und sich an der Küchenpapierrolle zu vergehen. Die Klopapier-Familienpackung ist voluminös und paßt nicht in die Einkaufstasche, so daß man sie sich unter den Arm klemmen muß auf dem Heimweg. Einem Gesprächspartner gegenüber erklärte ich neulich, daß es mir immer ein bißchen peinlich ist, mit so einem Großgebinde auf der Straße herumzugehen, ich käme mir dann wie ein rückwärtiger Nimmersatt vor, wie jemand, auf den sich das Gegenteil der Redewendung «Er kriegt den Hals nicht voll» anwenden läßt. Der Dialogpartner erwiderte, wieso denn, jene Sorte von Orten, wo der Kaiser zu Fuß hingehe, übe doch von Zeit zu Zeit auf jeden Organismus eine magische Anziehungskraft aus. Gewiß, so verhält es sich. Trotzdem bin ich mir sicher, daß den meisten Menschen, die gerade ein Toilettenpapier-Zehnerpack gekauft haben, daran gelegen ist, auf direktem Wege nach Hause zu kommen. Niemand macht damit noch einen Boutiquenbummel oder geht zu einem Bewerbungsgespräch. Allenfalls würde man eine Nachmittagsvorstellung im Kino besuchen. Einmal ging ich in eine 18-Uhr-Vorführung, und im Foyer stand eine Frau mit einem Baumwollbeutel, aus dem Lauchstangen herausragten. Sie lächelte mir zu, denn auch ich hatte einen Beutel dabei, aus dem Porree rausguckte. Vor Schreck hätte ich sie beinahe geheiratet.

Neulich kaufte ich mir ein Fahrrad. Im Vorprogramm dieser Anschaffung spielten Gedanken darüber mit, was für eine Art Fahrrad ich denn gern hätte. Ich dachte, das beste wäre es, ein Fahrrad zu kaufen, an dessen Lenker ein Einkaufsbeutel mit herausragenden Lauchstangen hängt. Das macht jedes Rad unsportlich und unattraktiv; Diebe halten sich die Hand vor Augen, zucken zurück. Niemand stiehlt gern so ein biederes Suppengrün-Fahrrad. Vielleicht ist Porree ein viel sicherer Schutz gegen Fahrraddiebstahl als das feudalste Schloß. Man müßte es halt mal ausprobieren. Handeln statt reden!

Dem Fahrradfritzen sagte ich: «Ich hätte gern ein unauffälliges, langweiliges Fahrrad mit möglichst wenig Gängen.» Ich dachte, dem Händler würden die Ohren abfallen bei einem solchen Kundenwunsch. Er fuhr aber fort, normal zu gukken, so als ob er so etwas zwanzig Mal am Tag zu hören bekommt, und deutete auf ein metallenes Häufchen Elend, ein graumeliertes Herrenvehikel, das phlegmatisch in einer Ecke kauerte. Begeistert griff ich zum Portemonnaie. Nun bin ich Besitzer eines Rades, das man wohl drei Monate in die am wenigsten entwickelte Region von China stellen und von Scheinwerfern beleuchten lassen müßte, bis ein Dieb sich seiner erbarmt. Doch es ist schnell wie ein Pfeil des Amor. In nur zehn Minuten erreiche ich St. Pauli, den Stadtteil, wo das Vergnügen und das Elend Hand in Hand im Bette liegen wie zwei an der gleichen Krankheit erkrankte Geschwister. Ich persönlich möchte dort nicht residieren, aber ich kenne ein armes Würstchen, das dort hausen muß. Ich habe es bei einer Hochhaussprengung kennengelernt. Das erzähle ich jedenfalls immer, weil es viel besser klingt als «Wir haben uns bei einem Tanita-Tikaram-Konzert kennengelernt.» Das mag man ja gar niemandem erzählen. Aber: «Ich habe ihn bei einer Hochhaussprengung kennengelernt» – das kann man noch mit 80 in Talkshows erzählen, und alle werden denken: «Ah, geistig noch rege.»

Jemanden bei einer Hochhaussprengung kennenlernen.

Zur Sprengung des Millerntorhochhauses in St. Pauli, des, wie alte SteifeBriseCity-Hasen berichten, interessantesten Hamburger Ereignisses seit der Vertreibung des Erzbischofs durch die Wikinger vor 1100 Jahren, wurde ich gar nicht vorgelassen, d. h. die U-Bahn stellte kurz vorher einfach den Betrieb ein, und ich mußte mir aus 1 km Entfernung anhören, wie es «Bum» machte. Es machte «Bum», da machte ich «Grr» und dachte, ein Fahrrad müßte man besitzen. So kam das. Nun erfahren Menschen im ganzen Verbreitungsgebiet dieser Fachzeitschrift, wie der Fahrradwunsch in mir heranknospte. Ein geiles Wissen für geile Leute in ganz Deutschland. Ich spritze dieses geile Wissen bis hart an die Grenzen des deutschen Sprachraumes. Nach dem Gießkannenprinzip? Yeah, ihr motherfuckerinnen und motherfucker, nach dem Gießkannenprinzip! Nach der Sprengung des verlotterten Wolkenkratzers wurde der Sprengmeister im Interview gefragt, was er denn von den 80 000 Schaulustigen gehalten habe. Er sprach: «Das sind alles Perverse und Sprengungstouristen.»

Was mich in sogenannten Vergnügungsvierteln wie St. Pauli immer wundert, ist die in der Leuchtreklame betriebene Unterscheidung von SEX KINO und GAY KINO. Wird denn im GAY KINO gezeigt, wie Homosexuelle züchtig und bescheiden in der Kemenate weilen? Diese Unterscheidung erinnert mich an einen Begriff, der schon seit längerem durch die Randlagen der Damenwelt geistert: Frauenlesben, manchmal auch FrauenLesben geschrieben. Früher hieß es immer Frauen und Lesben, doch dann wird wohl jemand erschienen sein, der gesagt hat, daß das ja nicht klug sei. Darauf wurde beschlossen, das «und» wegzulassen. In anderen Randlagen wurde entschieden, daß es besser sei, wenn homosexuelle Frauen und Männer aus Gründen der politischen Raison an einem Strang ziehen, und man kreierte die SchwuLesben. Um auch Bisexuelle für die Kampfgemeinschaft zu gewinnen, wurden die LesBiSchwulen erfunden. Man könnte das Spiel noch weiterführen und sagen, daß man auch die Heterosexuellen nicht ausgrenzen dürfe, und zu diesem Zweck die LesBiSchwuTeros ins Leben rufen. Und wer singt als Stargast beim Gründungsball dieses Vereins? Natürlich Hitparadenstar LesBiSchwutEros Ramazotti.

Zum Thema Hitparade einige Wörtchen: Zu den finstersten Phasen meiner Teenagerzeit zählt jene, in der ich allsonnabendlich eine Privathitparade in ein Schulheft eintrug. Richtig pedantisch mit der Plazierung der Vorwoche in Klammern. Ich kenne einen einzigen, der das auch gemacht hat. Sollte es noch welche geben, könnte man eine Selbsthilfegruppe gründen, in welcher man sich gemeinsam die Augen aus den Köpfen schämt. Selbsthilfe-Chef wird die Person, deren Hitparade am längsten war. Meine ging, so fürchte ich, eine Zeitlang bis Platz 50. Noch heute üben allerlei Listen, Tabellen, aber insbesondere Hitparaden einen rätselhaften Reiz auf mich aus. Ich besitze auch Fachliteratur. Wenn man das *Guinness Book of British Hit Singles* besitzt, kann man Leute mit Fragen anöden wie: «Welche männlichen Solo-Künstler hatten in den achtziger Jahren die meisten Hits?» Alle werden gähnen und sagen Prince und Michael Jackson. Doch die richtige Antwort lautet Gary Numan und Shakin Stevens. Die Frage betraf ja nicht die größten Hits, sondern die zahlreichsten. In den USA und in Großbritannien sind Hitparadenbücher Megaseller. Manche Bürger geben als ihr Hobby «Chart History» an. Deutschland liegt in dieser Hinsicht noch im Dornröschenschlaf, aber ich bitte niemanden, seine Energie damit zu verschwenden, ausgerechnet dies zu bedauern.

Seit kurzem werden aber immerhin die deutschen CD-ROM-Charts veröffentlicht. Nun wollen wir einander alle mal schön an der Hand nehmen und einen gemeinsamen Blick auf die CD-ROM-Hitparade vom März '95 werfen. Nicht nur Pop ist darin, sondern auf Platz 3 sind «Falk Stadtpläne, Einzelstädte». Platz 5: «Das magische Auge.» Platz 8: «Snowboarder.» Platz 17: «Die Bibel.» Doch der Knüller ist, crashing straight in von null auf 19: «Gesetze.» Wow, abends nach Hause kommen, sich eine Creme-Noblesse-Stulle schmieden und die Gesetze-CD-ROM in den Schlitz schieben, das muß ein Spaß sein! Leider habe ich noch keinen Schlitz. Vom Hörensagen weiß ich, daß man bei CD-ROMs irgendwas hin und her schieben kann. Kann man etwa die Gesetze verschieben, die Reihenfolge verändern? Und sind die Gesetze mit billig gemachter Synthesizermusik unterlegt wie Reiseberichte über Florida oder Delphinfilme? Oder werden die Gesetze von verstorbenen Stimmungskanonen vorgelesen? Lassen sich die Gesetze vielleicht gar verschärfen? All dies tät ich gerne wissen. Vielleicht ist es ja eine echte Alternative zum abendlichen Limonadetrinken, nach einem anstrengenden Tag zur Entspannung die Todesstrafe wieder einzuführen.

Zu den ungeschriebenen Gesetzen, an die sich jedermann hält, zählt folgendes: «Wer zugibt, daß es eigentlich ganz schön schwierig ist, einen Kleiderschrank von Ikea zusammenzubauen, macht sich lächerlich.» Die Umwelt verlangt, daß man verkündet, es sei ein Kinderspiel gewesen, gerade eine halbe Stunde habe man gebraucht. Dabei benötigt man schon Tage, bis einem die wortlosen, rein piktografischen, von Irren gezeichneten Bauanleitungen einleuchten. Vor einiger Zeit war es doch Mode, in Galerien die Kunst von Geisteskranken auszustellen. Regelrecht ausgebeutet sind die worden. Warum wurden da nie die Ikea-Anleitungen berücksichtigt? Es bleiben auch magischerweise immer haufenweise Schrauben über, obwohl die eigentlich genau abgezählt sein müßten. Viele Menschen haben schlecht zusammengebaute, wackelnde Schränke mit schlecht gehenden Türen, über die sie sich täglich ärgern. Trotzdem fahren sie immer wieder zu Ikea. Sonnabends erzeugen sie auf den Autobahnen, die zu den am Stadtrand gelegenen Ikea-Warenhäusern führen, den sogenannten Ikea-Stau. Im oberen Geschoß, wo die Vorführmöbel stehen, schleichen sie mißmutig herum.

Wenn sie etwas entdecken, was sie möchten, beträgt die Lieferfrist sechs Wochen. Aus Frust darüber setzen sie sich in die völlig verqualmte Cafeteria und essen die seit Jahren gleichen ultra-unlukullischen schwedischen Fleischbällchen. Damit es sich gelohnt hat, überhaupt zu Ikea gefahren zu sein, beladen sie ihren Wagen im Erdgeschoß mit schäbigem Polterabendgeschirr, nach drei Tagen kaputtgehenden Klemmleuchten und sonstigem Ömsen-Quatsch. Wenn ein Sprengmeister mal den hübschen Einfall haben sollte, ein Ikea-Warenhaus in die Luft zu jagen, dann komme ich und bringe 80 000 Perverse mit.

In Zusammenarbeit mit den internationalen Fluggesellschaften hat die nimmermüde Evolution uns Deutschen in die Erbmasse kalligraphiert, daß wir von Zeit zu Zeit ein Verlangen verspüren, in die USA zu reisen, um dort Jeans zu kaufen und simple Frühstücksfragen von der Art «Wie möchten Sie Ihre Eier?» erst beim zweitenmal zu verstehen. Natürlich gibt es auch welche, die ihren Genen den Gehorsam verweigern und sagen: «Nach New York fahren? Das ist ja wie einen Bestseller lesen. Irgend jemand muß doch auch die Bücher lesen, die sonst keiner liest.» Dieser Einwand leuchtet mir ein, aber sobald zwischen Wohlstand und Zeitplan ein Einvernehmen herrscht, hol ich mir ein Bündel Dollars, stell das Bügeleisen ab und werd zur Ölsardine unter Ölsardinen, die alle nur die eine Frage plagt: «Hab ich das Bügeleisen wirklich abgestellt?»

Immer wenn mir die deutsche Heimat gar zu freudlos und sozialneidverpestet erscheint, überlege ich mir, daß es eigentlich besser wäre, wenn ich in den USA wohnte. Dort könnte ich mir mit Hilfe konzentrierten Charmes eine chic aussehende schwarze Musikstudentin angeln und mit ihr eine Rasselbande genialer Mischlinge zeugen, die die ganze Erde ökodiktaturmäßig unterjochen. Mit der Mutter der Rasselbande würde ich mich in den Keller zurückziehen und hysterische elektronische Musik erzeugen, die kein Mensch hören will.

Da solcherlei Wünsche nichts bringen, beschränke ich mich auf Besuche. Wenn man ein konventionelles Ziel hat, kann man der Reise Würze verleihen, indem man sich mit einer

komischen Fluglinie transportieren läßt. Daher wählte ich
«Icelandair». Auf dem Flugzeugklo erfuhr ich, daß Rauchen auf der Toilette nach dem isländischen Gesetz mit bis zu sechs Monaten Haft bestraft wird. Damit die Raucher der isländischen Polizei überhaupt übergeben werden können, wird auf einem fünfzig Kilometer von Reykjavik entfernten Flughafen viereinhalb Stunden zwischengelandet. Das ist aber nicht schlimm, denn die isländische Tourismusbehörde stopft alle Transitreisenden in einen Bus, und eine Dame erklärt durchs Mikrophon, daß wir nun alle gemeinsam ein Bad nehmen werden. Herzkranke möchten bitte aufpassen, denn das Wasser sei an einigen Stellen achtzig Grad heiß, der Boden überdies teilweise sehr scharfkantig. All dies trägt sie ganz nonchalant vor, so als sei es die normalste Sache der Welt, bei einer Zwischenlandung auf Regierungskosten zu einer lebensgefährlichen Badeanstalt chauffiert zu werden.

Während man nun durch die vulkanische Ödnis fährt, erzählt die Dame, daß jeder Isländer vierzig Quadratmeter Wohnfläche habe, das sei Weltrekord. Außerdem herrschten in isländischen Wohnungen im Durchschnitt Temperaturen von 25 Grad, das seien fünf Grad mehr als in den anderen skandinavischen Ländern. Bewohner solcher großen, warmen Wunderwohnungen sieht man während der Fahrt nicht. Vermutlich haben die sich alle beim Baden verbrüht oder sind im Gefängnis, weil sie auf dem Klo geraucht haben.

Nach einer halben Stunde ist ein furchteinflößendes Gedampfe erreicht, das ein wenig an eine jener brennenden Ölquellen im Golfkrieg erinnert. Es handelt sich aber um ein Open-air-Thermalbad mit angeschlossenem Kraftwerk. Für

9 DM kann man sich von der isländischen Regierung eine ausgeleierte Badehose, wo alles raushängt, leihen, und dann geht es unsicheren Schritts in das launisch temperierte Gewässer. Zurück im Flughafengebäude, hat man noch ausreichend Zeit, das Sortiment des Duty-free-Shops zu bewundern: Zigaretten gibt's nicht, dafür jedoch Dosen mit Rotkohl, Björk-CDs natürlich, aber auch ein französisches Buch über Mexiko.

Da der Kamerad, den ich in New York besuchte, ein Zimmer bewohnt, das nur ein Achtel der Wohnfläche eines durchschnittlichen Isländers groß ist, hatte ich ihn gebeten, mir ein Hotelzimmer zu buchen. Es darf ein ganz einfaches Zimmer sein, hatte ich gesagt, denn man weiß ja, eine Tomate kostet in Tokio 3 Mark, und ähnlich Schockierendes hört man über New Yorker Hotelzimmer. Das Zimmer *war* einfach. Die Bettwäsche trug den Aufdruck «Community Hospital Anderson, Indiana». Das Hotel war so billig, daß es mehrheitlich von Dauergästen belegt war. Rechts von mir wohnte ein Elektrogitarrist mit einem Kätzchen, der seiner Gitarre nur selten Ruhe gönnte; im linken Nachbarzimmer eine Französin, die jeden Morgen um sechs in Frankreich anrief und danach bis zu einer Stunde lang bitterlich weinte. Durch die von einem Dreigeruch aus Defäkation, Menstruation und Desinfektion erfüllten Gänge schlurften benachthemdete uralte Süd- oder Mittelamerikanerinnen, noch ältere Zahnbürsten in der Hand. Nennt mich einen Narren und gottlosen Troll: Ich jedoch glaube, in den Händen dieser Frauen die ältesten Zahnbürsten der Welt gesehen zu haben. In den Gesichtern der Frauen konnte man erschütternde Geschichten lesen, noch erschütterndere Geschichten allerdings erzählten die Zahnbürsten. In Hotels dieser Art haben sich die Dichter der Beatnik-Generation in manch einem Brocken umwälzender Literatur entladen; ich war in einem echten Rock-'n'-Roll-Hotel, nackte Glühbirnen, Flecken am Kleiderschrank und der ganze Zinnober. Das Klanggebräu aus heulendem Warmwasser, schicksalsschweren Telefongesprächen, Deliriumsgebrabbel und fernen Ambulanz-Sirenen mag vor 35 Jahren einmal Genies entflammt haben. Doch die Zeiten sind matter geworden – wenn mein Gitarristennachbar nicht selber in die Saiten griff, hörte er die Scorpions.

Ich wurde also nicht entflammt. Ich ging weg, um Eier zu essen und dem Ruf des Erbguts zu folgen, sprich: Jeans zu kaufen. Tatsächlich sind in amerikanischen Jeansshops dermaßen viele Deutsche anzutreffen, daß mancherorts deutschsprachige Hinweise kleben: DIE HOSEN NICHT AUSEINANDERFALTEN. WIR HELFEN EUCH. Einmal war ich in einer Umkleidekabine und rief zu meinem Kameraden: «Komm doch mal gucken, ob mir die Hose paßt!» Da erscholl aus allen anderen Kabinen deutsche Muttersprache: «Was? Gucken kommen? Hose paßt? Gucken kommen wo?»

In der Kassenschlange pflegen die Deutschen dann miteinander ins Gespräch zu treten. Was das für eine Unverschämtheit sei, was einem in Deutschland für ein Paar Jeans abgeknöpft werde. Die deutschen Jeans-Gespräche an amerikanischen Kassen, das sind – hängt mich auf, wenn ich lüge – das sind die langweiligsten Gespräche der Welt.

Neben Jeans kaufen und überlegen, wie man seine Eier möchte, ist die Hauptbeschäftigung des Manhattan-Besuchers schier endloses Latschen. An einem Tag bin ich 150 Blöcke bis hart an die Grenzen einer Latsch-Kolik gelatscht. «Block» ist die US-Latschmaßeinheit. Meine Füße sind Wunderwer-

Diese Jeans finde ich nicht so super. Laß uns jetzt mal in die Drogerie rübergehn. O.K.

Freudiges Erleben entsteht in einer Mädchenfreundschaft erst durch eine Prise bedingungslosen Gehorsams bis an die Grenze völliger Selbstauslöschung.

ke der Biologie; sie verbinden Bienenfleiß mit der Belastbarkeit von uruguayanischen Arbeitsameisen. Heinz Sielmann will einen Dokumentarfilm über meine Füße drehen? Bitte sehr, die Füße haben es verdient. Lebt Heinz Sielmann überhaupt noch? Ich will es stark hoffen! Aber auch Tote dürfen Filme über meine Füße drehen. Man sollte überhaupt mehr Gutes über Füße sagen. Bald wird sich ja wieder mal der Sommer durch unser Land wälzen, und dann wird man wie jedes Jahr viele Menschen sehen, die bereitwillig zeigen, was sie alles für ihren Körper tun. Doch wenn man an ihnen herabblickt, entdeckt man schmutzige, verhornte Füße mit krumpeligen Zehen und eingewachsenen Nägeln. Ein großer, fleischiger Zeigefinger soll nun vor den Gesichtern dieser Menschen auftauchen. Er sollte etwas größer und dicker sein als normal, damit die Leute nicht denken, das ist ja nur ein langweiliger normaler Zeigefinger, er sollte vielmehr etwa so groß wie ein arbeitsbereiter Penis sein, aber nicht so aussehen wie ein Penis, sondern nur so groß wie einer sein, und er sollte mahnend hin und her schwingen und sagen: «Achtet mehr auf eure Füße! In Wahrheit sind es doch eure Füße, die euch abends Zigaretten holen. Sie tragen fette Leute durch Manhattan. Dankt es ihnen, indem ihr jede Woche ein Fußbad nehmt. Es gibt wunderbar grüne, sprudelnde Salze zu kaufen. Und: Vier Füße in einer Schüssel, wer diese Liebesouvertüre nie kennengelernt hat, sinkt uninformiert ins Grab. Aber nicht vergessen: Zwischen der Ouvertüre und dem Fleischesakt die Nägel schneiden, sonst bohren sie sich wie Kreuzigungsnägel in das Fleisch des nächsten Zehens. Und hinterher das gute Eis-Gel der Firma Efasit anwenden. Eure Füße werden es euch danken, indem sie euch längere und aromatischere Zigaretten holen und noch viel fettere Leute durch Manhattan tragen.»

Wer gut zu seinen Füßen ist, wird manchen Block abschreiten und seinen Blick in Osterglocken baden lassen können. Auf jedes noch so kleine Stück unversiegelten Grundes pflanzt man im Frühjahr gelbe Narzissen. Ich sah ein Schild: «Dr. Martin Luther King Junior Boulevard». Der liebenswürdig beflissene Nichtverzicht auf das «junior» und den Doktortitel sorgte dafür, daß das Straßenschild lang war, zu lang, wie eine jener freundlicherweise aus der Mode gekommenen 100-Millimeter-«Damenzigaretten». Stark belastet vom Gewicht des allzu langen Namens stak der Stahlmast, an dem das Schild befestigt war, schief in seinem kleinen Rasenstück, in welchem, obwohl nur langspielplattengroß, auch zwei Osterglocken selbstbewußte kleine Pracht entfalteten. Ein Bild, das rührte.

Mit dem Aufkommen der Narzissen verschwand etwas anderes. Früher war es Brauch, zusammenzuzucken, wenn man durch eine unbelebte Straße ging und ein männlicher Afro-Amerikaner jüngeren Alters einem entgegenkam. Heute zahlt sich das Zusammenzucken nicht mehr aus. Die Kriminalität ist dezent wegrationalisiert worden. Manch ein armer Narr fühlt sich durch die Parole «Narzissen statt Zusammenzucken» ums rechte Großstadtabenteuer beraubt. Zusammenzuck-Fans laufen zähneknirschend durch New York und kaufen sich Tickets nach Washington oder Berlin.

Viele Amerika-Fahrer sagen nach ihrer Rückkehr, daß es schon schön sei, wie umgänglich die Amerikaner seien, nur mit den Schwarzen komme man irgendwie nicht recht in Kontakt, und die Schwarzen seien ja nun mal das Interessanteste an Amerika, weiß sei man ja selber. So ist es wohl. Wenn man einen weißen Amerikaner um eine Auskunft bittet, wird man gefragt, woher man komme und ob man seinen Aufenthalt genieße. Fragt man einen Schwarzen, fällt die Unterhaltung tendenziell eher knapp aus. In der Zeitschrift ‹Newsweek› steht geschrieben, daß durch den langen Befreiungskampf der Schwarzen eine alle Bereiche umfassende Selbstsicherheit entstanden sei, die sich zum Beispiel darin äußere, daß drei Viertel aller schwarzen Frauen mit ihrem Körper zufrieden seien, auch die ganz dicken, während der Löwenanteil der weißen mit seinem Körper hadere. Daß Selbstsicherheit gelegentlich in Arroganz und oft in Verachtung derer, die nicht selbstsicher sind, umschlägt, ist bekannt. Man darf sich gern im Schein der fahlen Mondessichel sammeln und mir einen Galgen zimmern, wenn ich irre, aber ich meine, daß die Schwarzen die Weißen verachten. Nicht aus diffusen Rachegefühlen wegen früher begangenen Unrechts, das wäre ja auch zu blöd, sondern ebenso spezifisch, wie in Deutschland lebende Türken die Deutschen verachten, also wegen ihres mangelnden Familiensinns, ihrer zu wenig ausgeprägten kulturellen Identifikation, ihrer Wehleidigkeit und ihrer als Liberalität etikettierten depressiven Toleranz. Weshalb die schwarzen Amerikaner die weißen verachten, weiß ich nicht so genau, aber ich stehe ja auch nicht mit einem Mikrophon vorm Weißen Haus und weiß alles ganz genau. Vielleicht verachten sie die Weißen, weil letztere immer wild am Rumzweifeln sind, sich von allem überfordert fühlen, sich mit ihren Eltern zerstreiten, nicht gut tanzen können, Religion als etwas empfinden, was einengt, dauernd Diäten machen und heimlich neidisch auf die Schwarzen sind. Immerhin habe auch ich einmal beim Betrachten der Übertragung eines Baseballspiels, einer Sportart, bei der es darum geht, daß die Spieler ihre Gesäße möglichst bildschirmfüllend in die Kamera halten, zu meinem Kameraden gesagt, daß ich für ein Jahr oder so, auf jeden Fall vorübergehend, auch gern einen dicken Hintern hätte.

Einmal kamen in New York Tröpfchen vom Himmel. Ich nahm meinen Museumsplan, um zu schauen, welches Museum das am nächsten gelegene war. Es war das Geburtshaus von Theodore Roosevelt (1858–1919). Lieber gähn als naß, dachte ich und geriet gleich in eine Führung unter der Fuchtel einer alten Schachtel, der es Freude bereitete, mit ihrer Bejahrtheit zu kokettieren. «Setzen Sie sich nicht auf diesen Stuhl», herrschte sie einen Herrn aus Chicago an – natürlich mußte jeder sagen, wo er herkommt –, «denn der ist noch älter als ich.» Zur Einführung erwähnte sie, daß die Roosevelt-Familie aus Holland nach Amerika gekommen war. Da deutete sie mit einem zehn Zentimeter langen, aufgeklebten Fingernagel auf mich und rief: «Sie sind aus

Deutschland! Sie wissen sicher, wo Holland ist!» Ich bestätigte ihre kühne Vermutung, worauf sie krähte: «Das hätte mich auch wirklich überrascht, wenn ein deutscher Junge nicht wüßte, wo Holland ist.» Ja, sie nannte mich einen *boy*. Ein Zimmer war mit einer Kordel versperrt. Die Schachtel erklärte den Besuchern, warum: «Der Teppich ist noch älter, als ich es bin. Sogar die Tapeten sind älter als ich.» Vom Erdgeschoß führte eine lange Treppe nach oben. Da hielt sie ihren Gruselfilm-Fingernagel auf mich und den Chicagoer. «Das ist jetzt mehr was für die Jungens», stieß sie hervor. «Sehen Sie dieses schöne, lange Geländer? Würden Sie da nicht gerne einmal herunterrutschen? Ich habe zwei erwachsene Söhne, und eines Tages sagte ich zu ihnen: ‹Söhne, eines Tages, wenn niemand zuschaut, werde ich dieses Geländer herunterrutschen.› Und raten Sie mal, was meine Söhne antworteten. Ich erzähle es Ihnen, denn Sie werden es nicht erraten. Meine Söhne sagten: ‹Mutter, wenn du das tust, dann schießen wir dich tot.›»

Zum Abschluß möchte ich noch die liebenswürdige Geschichte mit dem Kätzchen des Elektrogitarristen erzählen. Wer die Geschichte kennt, wird verstehen, daß es mir eine Herzensangelegenheit ist, sie möglichst vielen Menschen zur Kenntnis zu bringen. Ich lag nämlich im Rock-’n’-Roll-Hotel und las den ‹National Enquirer›, eine Fachpublikation über die Gewichtsschwankungen von Liz Taylor und Oprah Winfrey. Da die Hotelzimmertür älter war, als ich es bin, ging sie manchmal von alleine auf. Ein Kätzchen hatte die Gelegenheit beim Schopfe gepackt und war in mein Zimmer spaziert. Als ich das bemerkte, rief ich: «Ei, fein, das Kätzchen des Elektrogitarristen!» und wollte es streicheln. Doch bevor ich es berühren konnte, war das Kätzchen durch dieselbe Tür verschwunden, durch welche es das Zimmer kaum eine Handvoll Augenblicke zuvor betreten hatte. Man ramme mir einen Dolch in die Gurgel, wenn ich mich irre, aber ich meine, daß dies eine ganz bestrickende kleine Geschichte ist.

Heute bin ich wild. Echt! Wild stoße ich zu: Laut Unfallstatistik entstehen 80% aller Verletzungen an der Zunge durch das Ablecken von Messern. Nach dieser guten Intro-Info dürfte Appetit auf einen polnischen Zungenbrecher entstanden sein. Bitte sehr, hier ist einer:

W Szczebrzeszynie chrzączsz brzmi w trzcinie.

Das müssen Polen sagen, wenn sie anderen beweisen wollen, daß sie waschechte Polen sind und nicht etwa dahergelaufene Reingeschmeckte von sonstwoher. Möglicherweise ist der Satz ein bißchen falsch geschrieben, denn eine polnische Dame hat ihn mir während einer Karussellfahrt auf einen Bierfilz geschrieben. Die Schrift ist ein wenig kreiselig. Ins Deutsche übertragen bedeutet der schwierige Satz etwa folgendes: In Hummelhausen brummt ein Hummelbrummer im Schilf. Fein ist auch der folgende englische Satz: The sixth sick sheik's sixth sheep's sick. (Das sechste Schaf des sechsten kranken Scheichs ist krank.)
Daß Möbel auf estnisch Mööbel heißen, paßt hier auch noch recht gut her. Leider wäre es falsch, daraus zu schließen, daß das estnische Wort für Ölöfen Öölööfen laute. Das wäre ja auch zu schön. («Akrobat schöön!»)
Weil ich gerade meine Persönlichkeit renoviere, habe ich viele neue Hobbys. Neben dem Übersetzen ausländischer Zungenbrecher zählt dazu das Sammeln von Fotos, auf denen überbelegte Mehrfachsteckdosen zu sehen sind. Also z. B. Sechsersteckdosen, wo in den Sechsersteckdosensechsteln

wieder Verteilerstecker stecken. In stark elektrifizierten Haushalten neigen Steckdosen zu einer sehr bildwirksamen Geschwürbildung, auf welche Maler und Fotografen bisher zu wenig ihres Augenmerkes gerichtet haben. Künstler, ran an die Wucherungen! Stellt dar, wie die Kabel sich winden und kreuzen! Dies ist unsere Zeit.

Ein drittes neues Steckenpferd von mir ist das Sichten von Frauensorgen guter Qualität. Eine überdurchschnittlich hübsche Sorge entnahm ich einer Frauenzeitschrift: «Mein Kleiderschrank quillt über, aber ich ziehe immer das gleiche an.» Meine Lieblingssorge stammt von einer Dame, die eine 22stündige Busreise nach Spanien vor sich hat, während der Fahrt aber keinen Trainingsanzug anziehen möchte, weil sie darin nicht hübsch aussehe. Andererseits sei ein Trainingsanzug sehr bequem. Die Sorgenbeantworterin riet ihr, keine engen Jeans zu tragen. Sonst könne sie eigentlich alles anziehen. Supersorge, Superratschlag.

Man sollte sich nun nicht der irrigen Annahme in die Arme werfen, daß Frauen grundsätzlich die malerischeren Sorgen hätten. Au contraire! Männer sind bloß zu schüchtern, sich öffentlich zur Sorge zu bekennen. Vielleicht mache ich ja anderen Männern Mut, wenn ich hier jetzt mal einige echte, selbsterlebte Sorgen runterrassele:

1) Meine Abonnementskarte der Hamburger Verkehrsbetriebe paßt nicht in die Kreditkartenfächer meines Portemonnaies. Wer hilft mir?

2) Ich kaufe immer Bananen, und hinterher esse ich sie nicht.

3) Die meisten Frauen sind ca. 15 cm kleiner als ich. Wenn sie bei Regen durch die Fußgängerzone marschieren, jagen sie mir immer die Schirmspeichen in die sieben Öffnun-

gen meines Kopfes. Ich finde, das Schlimmste am Regen sind die Schirme der anderen Leute. Sind das normale Empfindungen?

4) Wenn ich abends nach Hause komme und meine Schuhe ausziehe, dann stehen sie morgens nicht schön nebeneinander wie bei meinen Bekannten, sondern befinden sich in unästhetischen Winkelverhältnissen zueinander, sind manchmal sogar umgekippt, liegen mit der Sohle zuoberst und mehrere Meter voneinander entfernt. Einmal ist sogar ein Heizkörperableser über einen Schuh von mir gestolpert. Wenn er das nächste Mal kommt, möchte ich mich gern mit einem Strauß blutroter Chrysanthemen entschuldigen. Da der Heizkörpermann immer sehr früh kommt, müßte ich die Blumen am Vortag besorgen und über Nacht in eine Vase stellen. Möglicherweise tropfen die Blumenstiele dem Heizungsherrn den Overall voll, und es sieht aus, als ob er sich in die Hose gemacht hat. Ich habe Angst, daß er dann erst recht sauer auf mich ist.

5) Mein Radiowecker ist 18 Jahre alt und sieht schon allzu trashig aus. Da er aber noch tadellos funktioniert, möchte ich mir keinen neuen kaufen. Ein Freund von mir hat sogar einen 24 Jahre alten Radiowecker. Er meint, Radiowecker gehen niemals kaputt. Das sei empirisch belegt. Heißt das, daß ich bis zu meinem Tode jeden Morgen auf einen allzu trashigen Radiowecker gucken muß?

7) Seit ich beim Einkaufen immer sage: «Keine Tüte bitte!», habe ich kaum noch Plastiktüten im Haus. Das ist schade, denn manchmal will man ja etwas, das feucht und widerlich ist, herumtragen, z. B. einen alten Fisch.

Früher gab es in jeder Küche einen speziellen Winkel, in welchem Plastiktüten gelagert wurden. Sehr beliebt war es, sie hinter den Kühlschrank zu stopfen. Wo es noch ein altes Küchenbuffet gab, diente oft die Brotlade als Tütendepot. Gern wurden die Plastiktütenknäuel, die übrigens nachts manchmal aus unerfindlichen Gründen zu knistern begannen, unter der Spüle untergebracht. Oder der Tütenklumpen wurde in eine größere Plastiktüte gestopft, welche an der Türklinke oder an einem Schrankknauf hing. Komisch, daß Frauenzeitschriften nie Psychotests veranstaltet haben, die unter dem Motto standen: «Sag mir, wo du deine Plastiktüten hinstopfst, und ich sage dir, ob du dich nach Zärtlichkeit sehnst oder nicht.»

Bei schlampigen Jungmännern hing auch die Mülltüte an der Küchentürklinke. Nachts riß dann immer der Henkel, was insbesondere für die Liebhaber von Filterkaffee morgendliche Reinigungsschmach bedeutete. Wenn die Männer mit einer Frau zusammenzogen, hörte das auf mit den Tüten am Türgriff. Frauen bringen immer Mülleimer mit in eine Beziehung. Da fällt mir noch ein weiterer der wenigen Vorteile der LP gegenüber der CD ein: Die LP-Tüten konnte man gut weiterverwenden, und sei es nur für den Abfall. Mit den CD-Tütchen kann man überhaupt nichts anfangen. Um sie an die Klinke einer Puppenstubenküche zu hängen, sind sie wiederum zu groß. Früher in der New-Wave-Zeit, als die Menschen sich in Lokalen mit Metallfußboden trafen, die Café Amok oder Café Wutanfall hießen, war es durchaus chic, seine Zigaretten, Kulis oder Schminksachen in bestimmten Plastiktüten herumzutragen. In Berlin gab es einen Plattenladen namens ZIP, dessen kanariengelbe Tragbeutel ihren Benutzern einen so hohen gesellschaftlichen Rang verliehen, daß man damit sogar zu Nachtkluberöffnungen gehen konnte. Wichtig war aber, daß nur wenig in der Tüte war. Wer sie vollstopfte wie einen Rotkreuzsack, verminderte sein Ansehen. Menschen mit vollgestopften Beuteln dürften auch heute nur wenig szenelokal-kompatibel sein. Ich kenne einen beneidenswerten Mann, der eine ZIP-Tüte aufgehoben hat. Wenn er eine limonadenselige Geselligkeit gibt und die Stimmung den Zenit erreicht hat, wird die Tüte hervorgeholt und gemeinsam bestaunt. Danach wird über die Buzzcocks und Gang of Four geredet. Dergestalt blühen die Päonien der Nostalgie am Boulevard meiner Generation.

Die jetzige Generation ist gar nicht so schlecht: Diese Jugendlichen haben z. B. die Extasekapseln, die Tante Friedchen aus Berlin geschickt hat, nicht alleine gefuttert, sondern haben auch ihrem Kätzchen eine gegeben.

An sich scheine ich mich nicht groß mit irgendwelchen Generationen zu identifizieren. Es gibt da so Indizien. Ich kenne niemanden in meiner Altersstufe, der noch nie wenigstens eines der Länder Spanien, Griechenland, Portugal und Türkei besucht hat. Nur ich wurde dort noch nie erblickt. Dabei habe ich gar nichts gegen diese temperamentreichen Gebiete, ich bin notfalls auch in der Lage, ölgetränkte Batzen herunterzuwürgen, aber der Reisewind hat mich stets an anderer Herren Strände geblasen. Ich habe auch noch nie in meinem Leben gerülpst oder ein Video aus einer Videothek ausgeliehen. Aber vielleicht rülpse ich einmal oder fahre nach Griechenland und leih mir dort Videos aus. Das wird mich schon nicht zerstören. Es gibt nur weniges, von dem ich absolut sicher bin, daß ich es wirklich nie machen werde. Ich werde z. B. niemals morgens um acht mit einer Bierflasche in der Hand an einem Kiosk stehen, ich werde niemals Karl Kraus zitieren, ich werde mich niemals mit einem vergrößerten Scheck fotografieren lassen, und ich werde niemals mit einem Schimpansen im Arm eine Showtreppe hinuntergehen. Das garantiere ich mit Schlips und Dokumententinte.

Es ist interessant, zu was für sonderbaren Resultaten man gelangt, wenn man sich überlegt, was man alles noch nie gemacht hat. Ich habe noch nie einer schwangeren Frau ein Auto auf den Bauch gestellt. Ich meine jetzt natürlich Märklin-Autos, Spielzeug! Und damit auf dem Bauch herumfahren und «wrum, wrum, wrum» machen. Hab ich noch nie gemacht. Ein Besucher erzählte mir, daß er noch nie in einer Wohnung ohne Allibert-Schrank gewohnt hat. Das ist auch ein aufwühlendes Schicksal. Was Ratten für den Keller sind, sind Allibert-Schränke fürs Badezimmer. Entweder die Türen gehen immer von alleine auf, oder sie lassen sich so schwer öffnen, daß man Angst haben muß, das instabile Plastikgetüm aus der Wand zu reißen. Oft hängen sie so schief, daß nach jedem Öffnen ein Schwung zehn Jahre alter Parfümpröbchen ins Waschbecken klackert. Die innere Beleuchtung ist auf Wackelkontakt abonniert, weshalb man immerzu am Gegenklopfen ist. Also genau wie bei Ratten. Apropos abonnieren: Interessant ist auch das Thema Abo-Prämien. An der Art der Prämien kann man erkennen, wie die Verlage den Lebensstil ihrer Leser einschätzen. Der ‹Spiegel› lockte vor kurzem mit einem Tischstaubsauger. Das ist ein batteriebetriebenes Etwas, mit dem man Kuchenkrümel von der Tischdecke absaugt. Für ‹Spiegel›-Leser muß es eigentlich ziemlich beleidigend sein, daß man glaubt, ihresgleichen mit so einem affigen Putzteufel-Schnickschnack ködern zu können. Menschen, die einen Abonnenten der noch zu gründenden Zeitschrift ‹Schäbige Irrtümer› werben, könnten mit einem Allibert-Schrank belohnt werden, denn der Allibert-Schrank ist, das sag ich stramm wie ein Mann, einer der unbrisantesten, aber auch einer der schäbigsten Irrtümer unserer Zivilisation.

Die Plastiktüte scheint mir ein schönerer Irrtum zu sein. Allerdings kann man Plastiktüten, ähnlich wie Hexen oder Tumore, in böse und gute einteilen.

Böse sind die dünnen Knistertüten, die in die Hand einschneiden, gut hingegen sind die dicken, glatten, des Knisterns unkundigen. Erstaunlich an der Plastiktüte ist, daß sie im Plastikland USA nie den großen Durchbruch geschafft hat. Daß die Menschen dort eingekaufte Lebensmittel in henkellose braune Pappbeutel stecken, die sie wie Kleinkinder auf dem Arm transportieren, fand ich oft rätselhaft. Liegt es daran, daß diese Beutel auf der Abstellfläche ihrer Autos besser stehen? Das wüßte ich gern. Und dann wüßte ich auch gern, wodurch jene 20 % Zungenverletzungen hervorgerufen werden, die nicht vom Messerablecken kommen. Durch das Lutschen saurer Drops? Durch das Küssen scharfzüngiger Kommentatoren? Durch Zahnärzte, die durchgemacht ha-

ben? Eigentlich eine langweilige Frage. Daher gleich die ver-
mutete langweilige Antwort: Durch das Lecken an Gummie-
rungen von Briefumschlägen.

Finanztantenhappen in Freiheit heißen Hering

August 1995

Wenn man einkommens- und umsatzsteuerpflichtig ist, wird man ständig mit Terminen gepiesackt. Statt daß man einmal im Jahr eine Rechnung geschickt bekommt, muß alle paar Wochen irgendwas vorausgezahlt oder nachgezahlt werden, worauf man denkt, wozu denn das jetzt schon wieder. Wenn man auch nur einen einzigen Tag zu spät zahlt, erhebt das Finanzamt Säumniszuschläge, deren Höhe das enorme Selbstbewußtsein des Staates widerspiegelt. Bei anderen Unternehmen, die solch schikanöse Mahngebühren erheben, würde man kein zweites Mal kaufen. Es ist an der Zeit, über eine Privatisierung des Steuerwesens nachzudenken. Kommen wird es eh! Vor zwanzig Jahren konnte sich auch keiner private TV-Kanäle oder Kurierdienste vorstellen. Alternative Privatfinanzämter sollte daher auch niemand für Luftschlösser halten. Eintöniges Gestampfe dröhnt heraus, um auch jugendliche Steuerbürger zu motivieren. Am Eingang zahlt man ein paar Steuern, dann wird gehüpft, und wenn man was trinken will, zahlt man noch ein paar Steuern. Oder man zahlt, und bekommt als Quittung einen Schlapphut, wo HEMP draufsteht. Theoretisch gibt es solche Finanzamtsalternativen auch bereits, wenn auch unter völlig irreführenden Bezeichnungen wie «Discothek» oder «Das Hanf-Haus».

Ich zahle Steuern, weil ich einseh, daß der Staat keine Lust hat, Klimmzüge am Brotkasten zu machen. Man kann das Steuerzahlen in eine menschliche Dimension zurückführen, indem man es live tut. Das war, zumindest in Berlin, bis vor kurzem noch möglich. Um den Säumniszuschlägen zu entgehen, zahlte ich schon oft live ein. Bei der Bank einen Batzen Geld holen, zur Finanzkasse gehen und es dort mit coolem Blick auf dem Tresen ausschütten. Möglichst salopp, damit die Scheine überall herumfliegen. Es macht Spaß, so zu tun, als ob es einem gar nichts ausmacht. Die Inkassodame tut auch so, als ob sie das ganz normal findet. Man sagt zu der Dame nicht: «Jaja, das hätten Sie gerne, das schöne Geld. Aber es ist nicht für Sie. Es ist für Väterchen Scheißstaat. Der baut davon Brücken, damit wir zueinanderfinden. Sie würden sich davon ja eh nur einen viel zu niedrigen gläsernen Couchtisch mit einer lackierten Baumwurzel als Fuß kaufen. Das muß ja nun nicht sein.» Die Finanztante sagt nicht: «Glauben Sie bloß nicht, daß mich dieses aufgesetzte Lebenskünstlergetue beeindruckt. Ihre Live-Steuerzahl-Show ziehen Sie doch nur ab, weil unsere berüchtigten Säumniszuschläge eine halbe Portion wie Sie in eine Situation hineintreiben würden, in der nur noch Würmer und Sachen von Penny auf dem Speisezettel stünden.»

Auch sonst hatte ich schon mancherlei Rendezvous mit den Organen des Staates. Mit zwölf hatte ich mal einen Ferienjob in einem Drogeriemarkt. Für DM 1,50 die Stunde mußte ich dem Filialleiter Wünsche von den Lippen ablesen, also Kisten in den Keller schleppen, andere Kisten hochtragen, Fanta holen ect. Besonders fetzige Wünsche hatte der Filialleiter nie auf den Lippen. Nebenbei raubte ich ihm das Lager aus. Ich stahl pfundweise Kosmetikartikel, denn die waren am kleinsten und teuersten. «Ich bin doch nicht bescheuert und stehle Scheuerpulver», dachte ich. Ich wollte die Schminksachen nach den Ferien in der Schule an die Mädchen verhökern. Scheuerpulver hätten die mir nie abgekauft. Aber auch meine Schwester lief zu dieser Zeit grell bemalt durch die Stadt.

Eines Tages erwischte mich der Filialleiter beim Schminke-Einstecken und zeigte mich an. Wenige Wochen später ging's aufs Gericht. «Die Umstände, die zur Beendigung des Arbeitsverhältnisses führten, sollen hier unerörtert bleiben», sagte der Richter zu meinem großen Vergnügen. Dem Filialleiter wurde wegen Beschäftigung eines Minderjährigen eine hohe Strafe aufgebürdet. Ich jedoch ging aufgrund meiner Zwölfjährigkeit als freier Mann nach Hause und beging noch manches andere Übel, denn ich hatte mir genau ausgerechnet, wie viele Monate ich das noch durfte.

Pünktlich mit dem Eintreten der Strafmündigkeit stellte ich meine kriminellen Aktivitäten ein. So erklärt sich die mir kurios erscheinende Tatsache, daß ich heute den Status eines «Unbescholtenen» innehabe. Dieser Status kann große Nachteile mit sich führen, denn man kann zum Schöffen berufen werden. Wer von diesem Schicksalsschlag getroffen wird, muß vier Jahre andauernd zum Amtsgericht und da herumsitzen. An den meisten Menschen geht dieser Kelch vorüber, allein ich war von 1985 bis 1988 Laienrichter. Leider dürfen Schöffen keineswegs in tollen Mordprozessen mit in Ohnmacht sinkenden Kronzeugen mitwirken, wo Marlene Dietrich hereingerauscht kommt und im Publikum gehässig wirkende Frauen mit lächerlichen Hüten zu tuscheln beginnen, worauf der Richter mit einem Hammer auf seinem Tisch rumknallt. «Meine» Richter hatten nie einen Hammer, und wenn man als Schöffe fragt, ob man vielleicht von zu Hause einen Hammer mitbringen darf, um damit eine unterhaltsame Gerichtsfilm-Atmo herbeizuzaubern, dann gucken die Richter genervt und hegen sehr berechtigte Zweifel am Sinn der Schöffengerichtsbarkeit. Meinem Erleben nach besteht dieser darin, daß die Schöffen dem Richter eifrig beipflichten, denn die Richter sind ja tolle Hechte, die studiert haben, während die Schöffen derbes Volk sind, die allenfalls dekorativ ein bißchen durchschnittliches Bürgerempfinden zu verstrahlen imstande sind. Ein einziges Mal wagte ich es, dem Richter Paroli zu bieten. Es war der mir unvergeßliche Fall Mattenkloth.

Eine nervöse und schwangere Lehrerin fuhr mit ihrer Ente (Citroën 2 CV) durch Berlin. Auf einer Kreuzung rammte sie ein Motorradfahrer. Beide Verkehrsteilnehmer stiegen aus bzw. ab. Der Motorradler haute der Lehrerin eine rein und bekübelte sie mit Ungentlemanlikem. Während des Prozesses nannte der Widerling, der es sich nicht nehmen ließ, in einer klirrenden Montur zu erscheinen, die arme Lehrerin immer nur «die da» oder er verdrehte absichtlich ihren Namen: Frau Moppelklotz oder Frau Nuttenklo. Auf den Zuschauerbänken saß zahlreich die Clique des Teufels, grinsend und Kaugummi kauend. Gejohle und Klatschen hatte sich der Richter immerhin verbeten. Bei der Beratung im Beratungskabuff schlug er eine Strafe vor, die mild war wie ein andalusischer Winter. Ich intervenierte und meinte, den Kerl sollte man mitsamt seinem abstoßenden Freundeskreis lebenslänglich einbunkern. Da sagte der Richter, daß ich mein Schöffenamt wohl nicht ernst nähme. «Doch!» rief ich, nicht unfrech. Der Richter blätterte nun in seinem roten Gesetze-Schmöcker, fand aber in der Eile den die Nichteignung von Schöffen betreffenden Paragraphen nicht. Da die andere Schöffin selbstverständlich die Autorität des Richters anhimmelte, war meine Meinung aber eh egal, und der Frauenschinder wurde in die spanische Sonne geschickt.

Sonst gab es nur Drogenabhängige, die in Wohnungen eingebrochen waren. Einer hatte nachweislich 24 Einbrüche be-

gangen, und es wurde en détail alles aufgezählt, was er er-
beutet hatte. Das dauerte einen ganzen Vormittag. Er hatte
unglaublich blödes Zeug geklaut, z. B. eine Wohnung hatte
er mit nichts als «1 Porzellanschnecke» verlassen. «1 Porzellanschnecke», dachte ich, «du Depp! Die wirst du doch nie
los. Du mußt Lippenstifte klauen und an Teenie-Girls ver-
scheuern.»

Die meisten anderen Schöffen waren Rentner, welche das
Schöffenamt für eine ehrenvolle Pflicht hielten und am Tag
vor der Verhandlung zum Friseur gingen. Manche haben sich
sogar extra gewaschen. Schon eine halbe Stunde vor Ver-
handlungsbeginn standen sie, mit Pitralon und Russenduft
benetzt, im Gang und gierten danach, dem Richter die Hand
zu schütteln und mit ihm in eine die gesellschaftlichen
Grundpfeiler festigende Wir-Gemeinschaft einzutreten. Es
gab aber auch ein wildes Punkweib, das kaum noch Zähne
hätte, dafür aber einen prachtvollen grünen Irokesenkamm.
Es wohnte in einem Wohnwagen. Eine Gerichtssekretärin erklärte mir, daß diese Frau halt unbescholten war und zuver-
lässiger als die meisten. Man stelle sich aber mal das Gesicht
eines Menschen vor, der wegen einer kleinen Schlawinerei
erstmals mit dem Gericht zu tun hat, und der Richter wird
von zwei Hardcore-Dark-Wave-Fans in vollem Satanspries-
ter-Ornat flankiert. «Wie isses nur möglich!» wird er denken, aber möglich ist es bei Gott allemal. Lediglich mit politischen oder beleidigenden Parolen bedruckte Kleidung darf
man als Schöffe nicht tragen. Bei jemandem, der ein T-Shirt
mit der Aufschrift JESUS IST EINE FOTZE trägt, würde der
Hauptrichter wohl grummeln. Ein solches T-Shirt ist, wenngleich in englischer Sprache, neulich in Wien gesichtet worden. Dürfte man als Laienrichter wohl einen Schlapphut mit

dem Schriftzug HEMP tragen? Hemp ist das englische Wort für Hanf, wenngleich man eher an das berühmte Sofa der Hempels denken muß. Die Hüte gibt es in Hanf-Shops, wo nur aus Hanf hergestellte Waren verkauft werden, und man kann ja quasi alles aus Hanf machen, z. B. teure, aber billig aussehende Jeans, Briefumschläge, HEMP-Hüte und Lippenstifte, also, wie gesagt, fast alles.

Mit dem HEMP-Hut wirbt man für die Freigabe des Hanfanbaus in Deutschland. Das mag als politische Aktion gedeutet werden. Trägt man jedoch einen Pulli mit dem eingestrickten Wort WOLLE, ist das nicht politisch, denn Wolle wird ja bereits angebaut, und zwar auf dem Rücken unschuldiger Schafe. Auf dem Rücken von Pferden baut man keine Wolle an, weil man sich dann zum Pflücken auf einen Stuhl stellen müßte, und das sähe doof aus.

Im Anschluß an mein juristisches Zwangshobby ging ich manchmal in ein Lokal gegenüber des Gerichtes, um mich an Speisen mit Namen wie «Gerichtsdiener-Terrine» zu laben. Manches esse ich nur wegen des Namens. Lockt auf einer Speisekarte ein «Prälatenteller», ein «Ratsherrentopf» oder ein «Diplomatenschmaus», dann lasse ich mich von keiner Unkenntnis darüber, was darin enthalten sein mag, vom Ordern abhalten. Es kitzelt meine Schwäche für das Inkongruente, wenn eine billige Dose Hering in Tunke den Namen «Senatorenhappen» trägt. Es weiß doch jeder, daß diese Fischdosen hergestellt werden, damit betrunken Heimkommende was Weichliches und Würziges zum Reinschaufeln haben. Was bilden sich die Konservenhersteller eigentlich ein, wenn sie die Bevölkerungsgruppe der Senatoren pauschal der Besoffenheit bezichtigen? Sicher schüttet auch ein Senator mal seine Sorgen in ein Glaserl Wein, weil seine Existenz verschattet ist. Doch auch Finanztanten haben ihren Anteil an Sorge, Schatten & Wein. Der Fisch könnte ebenso Finanztantenhappen heißen. Ich meine jetzt nicht den Fisch live im Ozean, sondern den Doseninhalt. Finanztantenhappen in Freiheit heißen Hering bzw. geräuchert Bückling, wobei natürlich anzumerken ist, daß Fische erst in Gefangenschaft geräuchert werden, denn räuchern Sie mal unter Wasser einen Fisch. Oder sogar eine ganze Schule, denn Heringe leben ja ähnlich wie Bäume oder Bioraum-Skelette in Schulen. Die Bioraum-Skelette in meiner Schule hießen Charly und Paula. Im recherchierenden Gespräch mit anderen Leuten habe ich festgestellt, daß Charlie und Paula ziemlich typische Bioraum-Skelett-Namen sind. Dies steht nicht in der Broschüre «Wie soll ich bloß meinen Balg nennen?», die du, schwangere Leserin, gerade nachdenklich auf deinem Bauch abgelegt hast. Erfahre es daher von mir! Der Werdegang der Kinder wird dir genug Kummer bereiten, da mußt du nicht auch noch die postume Karriere deiner Kinder qua Namensgebung vorbestimmen.

Ob in Bioräumen oder Museen, ein großer Fan bin ich von alten naturwissenschaftlichen Sammlungen. Total verstaubte Vögel mit abgebrochenen Füßen etc. Aufgespießte Kleinstinsekten, wo die Nadel zigmal größer ist als das von ihr durchbohrte Insekt. Sehr schön staubig und bröselig ist das Naturwissenschaftliche Museum in Aschaffenburg. Darin befindet sich die größte Wanzensammlung der Welt. Auch im Touristenprospekt der Stadt wird es angepriesen. Eine Stadt, die mit großem Vorkommen toter Wanzen Besucher anzulocken versucht – das gibt es selten. Im Aschaffenburger Stadtprospekt steht noch ein weiterer schöner Satz: «Flotte Diskotheken lassen in urgemütlicher Umgebung den Alltagsstreß vergessen.» Da das Wort «urgemütlich» in Druckwerken des touristischen Gewerbes häufig Verwendung findet, warte ich immer darauf, daß der Satzfehlerteufel mal ein «ungemütlich» daraus macht, aber nie passiert das. «Der Kurfürstendamm mit seinen vielen ungemütlichen Cafés» – das würde ich gern mal in einem Hochglanzprospekt lesen.

Leider gab es in der Wanzensammlung kein Gästebuch. In Gästebüchern von Museen blättere ich gar zu gern. Seitenlang freundliche Bekundungen von guten Bürgern («Von der tiefen Religiosität der Menschen von früher könnte sich heute mancher eine Scheibe abschneiden» etc.), und dann plötzlich Obszönes aus jugendlicher Hand: «Tobias ist ein Schwanzlutscher.» Der Rest der Seite ist leer, denn unter so was will niemand schreiben. «Das Schicksal des Altars der Johanniskirche hat mich nachdenklich gemacht und traurig gestimmt. Wann werden sich die Menschen ändern?» Das steht erst auf der nächsten oder übernächsten Seite. Neulich entdeckte ich gar ein Gruft-Gästebuch. Es befindet sich im Gruftgewölbe der Hamburger Michaeliskirche. Ein Herr namens Christopher Burger hat es sich nicht nehmen lassen, am 2. 7. 95 in das Gruftbuch zu schreiben: «Die Kirche hat eine lange Geschichte.» Sonst nichts. Nur: Die Kirche hat eine lange Geschichte. Ja, lieber Herr Burger, das haben Sie gut formuliert, die Kirche hat wirklich eine lange Geschichte, denn, wissen Sie, die Kirche ist schon recht alt.

Einmal stürzte auf der Straße eine Dame mit einem altmodischen Mikrophon und einer altmodischen Frisur auf mich
zu und wollte von mir wissen, was mir zu Jesus Christus
einfalle. «Nichts», sagte ich und setzte meinen Weg fort.
Beim Weitergehen fiel mir allerdings auf, daß mir in Wirklichkeit viel zu Jesus Christus einfällt. Daß ich z. B. in einer
texanischen Stadt namens Corpus Christi einmal wahnsin-
nig geschwitzt habe. Oder die Popgruppe Christie, die vor
ca. 25 Jahren einen Hit namens «Yellow River» hatte. Der
ging etwa so: «Yellow River, Yellow River, damdamdam-
dam damdamdam.» Natürlich denke ich auch an Christo,
dessen Reichstags-Aktion einen noch nie dagewesenen
Konsens-Overkill hervorgerufen hat. Alles schnurrte be-
fehlsgemäß vor Erhabenheitsbegeisterung. Gelobt wurde
natürlich mal wieder die südländische Atmosphäre, denn
die wird ja chronisch gelobt. Es seien Wolldecken ausge-
breitet worden, auf welche sich junge Leute zum Weintrin-
ken niedergelassen hätten. Braungebrannte Männer mit
freiem Oberkörper hätten gar auf Bongos gespielt. Derlei
Schönes wurde allseits freudvoll betont. Medien, Politik
und Manövriermasse Mensch im Ekstase-Gleichschritt. Ich
habe auch einen kurzen Blick auf die Wolldeckenausbrei-
tungskunst geworfen und habe lediglich das von ähnlichen
Berliner Großereignissen gewohnte Rülps- und Furzam-
biente gewärtigen können. Des weiteren fällt mir zu Jesus
der Hamburger U-Bahnhof Christuskirche ein, welcher
«mein» U-Bahnhof ist, also derjenige, der für mich zustän-
dig ist, was ja wohl eine der schnuckeligsten Zuständigkei-

ten ist, die man als U-Bahnhof dem Weltengang abtrotzen kann. Wenn man aus dem Bahnhof herausklettert und nach rechts geht, kommt man in die Weidenallee, in welcher sich ein Eiscafé befindet, welches für seine haus-, ja handgemachten Eise in häufig wechselnden und zum Teil überaus ausgefallenen Geschmacksrichtungen berühmt ist. Zu welchem anderen Eismann kann man sonst sagen: «Ich hätte gern vier Kugeln, und zwar Avocado-Kumquat, Zeder, Pytahaya und Salak.» Manchmal gibt es auch Limoneneis, welches so peinigend sauer ist, daß sich das Gefühl einstellt, gleich fängt die Zunge an zu bluten. Es ist, als ob man gefrorene Salzsäure nascht. Firsttimer kämpfen mit den Tränen, verwünschen den wackeren Eismann, drohen mit der Polizei. Doch die Polizei hat keine Handhabe gegen Limonenpower. Ich finde es gut, in einem Staat zu leben, in dem man nicht nur gegen meinen und des Bundeskanzlers Willen mit häßlichen Parlamentsbauten pathetische Spielchen treiben, sondern auch unbehelligt extremistische Speiseeise herstellen kann. Dies fällt mir zu Jesus Christus ein.

Zum Kreis mir nahestehender Persönlichkeiten zählen ein paar, die mehr oder minder stark gläubig sind. Die nehme ich immer in Schutz, wenn Atheisten ins Geifern geraten. Ich unterhalte mich auch gern über religiöse Themen, denn ich finde, immer nur über neue Filme und Platten zu reden, das bringt es auf die Dauer wirklich nicht. Heimlich beneide ich die Gläubigen auch. All den schönen Trost und das schöne Nachdenken über ernste Dinge, das kriegen die Gläubigen automatisch ins Haus geliefert. Die anderen müssen täglich von neuem den Alkohol in die Wohnung schleppen. Die Gläubigen sinken nach des Arbeitstages Marter in die Badewanne und spielen mit dem schönen Schaum, und zum schönen Schaum gesellt sich der liebe Gott, und dann werden Pforten gesichtet, Pforten zum Licht. Mir imponiert, daß die Christen annehmen, es gebe immerfort Auswege und Lösungen. Die anderen können nur in der warmen Brühe liegen und wichsen. Nur Friseure müssen nicht onanieren. Die können auch mal ondulieren. Unter Friseuren soll es sogar zu sehr erregenden wechselseitigen Ondulationen kommen. Da würde ich gern mitondulieren. Doch wie steht es auf dem Aufkleber, der seit einiger Zeit an den Schaufenstern aller Friseure prangt: WAS FRISEURE KÖNNEN, KÖNNEN NUR FRISEURE.

Da ich als unfreiwilliger Heide jedem Atheismus fernstehe, nehme ich mir immer wieder vor, an Gott zu glauben, aber es klappt einfach nicht. In den achtziger Jahren bin ich mit einer katholischen Freundin sonntags oft um die Gotteshäuser gezogen, aber es kam kein Glaube über mich, obwohl ich das Brimborium häufig sehr gut fand, denn ich bin mitnichten ein Brimboriumsverächter. Wenn irgendwo ein gutes Brimborium gegeben wird, sitz ich in der ersten Reihe, denn bei Brimborien muß man nicht befürchten, daß man auf die Bühne gezerrt wird und seinen Namen sagen oder seine Jacke ausziehen oder ähnlich furchtbare Dinge tun muß. Außer vielleicht in den USA. Dort besuchte ich mal mit einer US-Bürgerin und einem anderen Deutschen als Ausflugsauftakt einen schwarzen Gospel-Gottesdienst. Wenn ich nicht mitgekommen wäre, hätte ich den ganzen Tag allein in einer heißen fremden Wohnung sitzen müssen. Natürlich waren wir die einzigen Weißen, aber wir wurden durchaus nicht tadelnd angeguckt. Man nahm uns nicht zur Kenntnis, was mir mehr als anständig vorkam. Doch nach einer halben Stunde schönster, gesangsunterstützter Zeremonien wurden wir von einer Dame mit Funktion, der Religionspräsidentin womöglich, aufgefordert, aufzustehen, der Gemeinde unsere Namen zu nennen und anzugeben, woher wir kämen. Das ging ja auch noch. Die Dame mit Funktion sagte freundlich, oh, we have never had anybody from as far as Germany. Dann fragte sie uns, warum wir uns denn ausgerechnet diesen Gottesdienst ausgesucht hätten. Ich wollte darauf antworten, we have never been to a black church service before and we were wondering what it's like. Aber ich traute mich nicht. Hätte ich mich doch getraut! Denn dann hätte der andere Deutsche nicht jenen herausragend widerwärtigen Satz gesagt, den er gesagt hat. Es war ein Satz, den zu sprechen er drei Sekunden benötigte, aber in jeder dieser Sekunden verlor ich vor Schande einen ganzen Liter Körperflüssigkeit. Der Satz lautete: «We are friends and supporters of black American culture.» Wenn er sich doch wenigstens das Wort supporters verkniffen hätte. Die Kirche stand ja auch nicht in einem Ghetto, sondern in einer Art Wohnparadies im paradiesischen Gliedstaat Massachussetts, und die Gottesdienstbesucher gehörten dem gehobenen Mittelstand an, der ganz bestimmt keine radebrechende Unterstützung von Deutschen mit kaputter kultureller Identität benötigt.

Die Gottesdienstbesichtigerei habe ich längst aufgegeben. Ich finde es ungehörig, da herumzuhocken, wenn fremde Leute sich ihren Empfindungen widmen, zumal der Voyeurismus ja auch nichts nützt, wenn die Frömmigkeit nicht abfärbt. Ich war 12 Jahre alt, als ich bemerkte, daß ich nicht an Gott glaube. Das erzählte ich meiner Schwester, welche meinte, es sei eine Todsünde, so etwas auch nur zu denken. Doch bei aller schwesterlichen Scharfsicht, es war nicht dran zu rütteln: Mir war mein Jesulein entfleucht. In der Jugend, also einer Zeit, in der viele Menschen ihre oppositionellen Energien in die fragwürdigsten Kanäle leiten, habe ich mich immer sehr gern über Christen lustig gemacht. Hätte es damals schon Aids gegeben, hätte ich mich vor ein katholisches Gymnasium in Fulda oder Paderborn gestellt und dort mit Gratiskondomen um mich geworfen wie mit Karnevalsbonbons. Wenn dann der Bischof in seinen Bischofsklamotten angewetzt gekommen wäre, hätte ich gerufen: «Ätschibätschi! D.b.d.d.h.k.P. Sie wissen schon, doof bleibt doof, da helfen keine Pillen.»

Schlimmer noch: Hätte ich damals eine Marienerscheinung gehabt, dann hätte ich mich ihr gegenüber nicht gerade als Kavalier aufgeführt. «Wer sind Sie denn?» hätte ich sie angeherrscht. «Mein Name ist Maria.» – «Maria? Waren Sie nicht mal mit Gottlieb Wendehals verheiratet?» – «Nein, das war Mary Roos. Ich bin die Muttergottes.» – «Ach so, kombiniere. Maria, die Chefschreckschraube des Christentums.» Arme Maria! Die arme Sau hätte eher mit dem Teufel angebandelt, als daß sie mir noch mal erschienen wäre. Würde sie heute in mein Zimmer flimmern, dann wäre ich ganz anders. Aus dem Mantel helfen, in den Mantel helfen, Stuhl hinschieben, nicht meckern, wenn sie ihre Binden in mein Klo schmeißt, lauter so galantes Zeug. Fern liegt die Zeit, als ich mich zu dem öden Kreis zählen ließ, für den nur solche Transzedenzen legitim sind, die durch Alkohol und andere Rauschmittel hervorgerufen werden, für den nur die Striche auf dem Bierdeckel und die Ziffern auf dem Scheck zählen. Heute habe ich insgesamt ein gutes, fast kumpelhaftes Verhältnis zur Religion. Ich glaube, ich darf behaupten, die Kirche ist ein Kumpel von mir. Nur: Katholisch muß sie sein. Das Evangelische ist mir so fremd wie die Sozialdemokratie.

Die Fügung evangelisch und SPD läßt sich nur noch über-
trumpfen durch die Kombi-Kiste evangelisch, SPD und aus
Prinzip keinen Fernseher haben. Bei solchen Leuten geht es
rund. Auf mir fremde Art rund. Die sitzen abends auf dem
Sofa und lesen Bücher. Überall stehen Vasen mit verstaubten
Strohblumen. An den Wänden hängen gewobene Wandtep-
piche mit pfeiferauchenden Bauern beim Wichsen, ich meine
natürlich Säen. Irgendwas mit Samen halt. Warme Brauntöne
dominieren. Sanftes Licht dominiert auch, das ist logisch.
Nicht zuletzt dominiert eine Atmosphäre redlich erworbe-
nen Vertrauens. Auf dem Tisch, hier schiebe ich kein «Wow»
ein, die ‹Frankfurter Rundschau›.

Die Möbel sind ganz schlicht und schnörkellos. Wenn einem
Stück über Nacht mal Schnörkel wachsen, dann wird das an
durchreisende Katholiken verkauft. Buche ist beliebt. Esche
ist noch beliebter, aber teuer, und die Differenz Buche–Esche
kann man spenden. Oder richtig schön essen gehen für, mit
Leuten, denen man schon lange mal sagen wollte, daß sie,
wenn mal kein Brot im Haus sein sollte, ruhig anrufen können, auch nachts, auch bei fremden Leuten.

Einmal pro Woche blicken die bücherlesenden Evangelischen auf, schauen ihren Partner an, mit dem sie schon ganz
lange zusammen sind, und es wird einander berichtet, auf Seite wieviel man ist.

«Ich bin auf Seite 305 oben, Dietlinde.»

«Schön, Wolfhardt. Ich bin auf Seite 267, und zwar auch
oben. Weißt du eigentlich, wie schön ich das finde, daß wir
meistens gemeinsam oben sind? Daß wir den kostbaren Augenblick des Umblätterns miteinander teilen? Und möch-
test du, daß ich noch ein Stück Brot mit dir teile? Grau-
brot.»

«Ja, Dietlinde, brich das Brot und teile es mit mir. Und gib die grauere Hälfte ruhig mir. Ich habe übrigens auf Seite 282 unten etwas über Teilen und Ergrauen gelesen, das mir sehr wertvoll erschien. Darüber möchte ich um halb elf mit dir sprechen.»

«Ja, Wolfhardt, um halb elf, wenn wir bereits unsere Pyjamen betreten haben werden.»

Manchmal hören sich Wolfhardt und Dietlinde auch gemeinsam eine wertvolle Jazz-Aufnahme an. Natürlich eine mit dem Goldenen Vertrauenssiegel der ökumenischen Jazz-Akademie. Oder sie lassen sich von Smetanas *Moldau* verzaubern. Wenn das Orchester so richtig strudelt und sprudelt, dann schließen sie die Augen und stellen sich den reißenden Fluß vor. «Da hört man es richtig gluckern, Wolfhardt.» – «Ja, Dietlinde, die Naturgewalten sind musikalisch sehr gut reproduziert, und wenn man sich auf sie einläßt, übertragen sie sich auch auf uns Menschen.» – «Ja, Wolfhardt, sie übertragen sich.» Da reibt sie ihren Kopf an seiner Schulter, und es wäre gar zu indiskret, jetzt nicht das Thema zu wechseln.

Wenn ich mich in meinen in luftiger Höhe gelegenen, angemieteten Hamburger Gemächern aus dem Fenster lehne, kann ich neben der bereits erwähnten Christuskirche noch sieben weitere Kirchtürme erblicken. Auch dies ist Lebensstandard. Viel Feind, viel Ehr, viel Treppe, viel Kirche. Ich glaube, ich könnte auch in den Genuß des Blicks auf zehn Kirchtürme gelangen, wenn ich mich noch weiter hinauslehne, doch ich bin geräuschempfindlich, besonders was das Geräusch des Aufpralls meines eigenen Körpers auf Asphalt angeht. Mit Hilfe des Stadtplans habe ich die Namen der acht Kirchen, die ich sehen kann, herausgefunden, und ich habe vor, jede einzelne dieser Kirchen aufzusuchen, mich in ihre angenehm kühlen und reinigend stillen Schiffe zu setzen und mir den Kopf darüber zu zerbrechen, wie das kommt, daß in mir nichts glauben will.

Seit Jahren schon ereilt mich immer wieder mal ein Gedanke, mit dem ich nicht den Tag, geschweige denn die Nacht verbringen möchte. Es ist ein gräßlicher, ganz und gar unkooperativer Gedanke der Kategorie: «Was wäre wenn ...» Der Gedanke lautet: Was wäre, wenn die großen Katastrophen der Menschheit nicht stattgefunden hätten, wenn Seuchen, Kriege, Hungersnöte, Vertreibungen und Genozide quasi ausgefallen wären? Wenn all jene Leutchen, die ums Leben kamen, bevor sie eine Familie gründen konnten, Kinder bekommen hätten, deren Nachfahren jetzt mit Autos herumfahren, Rindfleisch begehren und Wasser verschwenden würden? Die Erde wäre wüst und grau. Müßte man sich nicht daher bei den Leutchen bedanken, statt sie pauschal zu betrauern? Mannomann, da sitzt man auf der Chaiselongue, hat potthäßliche Gedanken, und keiner offeriert einen stützenden Arm. Vielleicht ist es aber so wie mit dem Masturbieren: Wenn Kinder anfangen, Selbstbefriedigung zu betreiben, dann denken viele jahrelang, daß sie die einzigen Menschen auf der Welt sind, die so etwas tun, und wer weiß, vielleicht bin ich ja nur einer von etlichen, die sich von dem blöden Gedanken irritieren lassen. Da man aus dem Gedanken überhaupt keinen Nutzen ziehen kann, muß man ihn vergraulen. Den Fernseher anstellen und feststellen, daß es zur Zeit zwei Fernsehserien gibt, in denen Hunde Verbrechen aufklären. Warum auch nicht, es gibt ja auch sechs verschiedene miteinander konkurrierende Überraschungsei-Kataloge und, noch wilder, viereinhalb Millionen Menschen, die nachts rausmüssen. Oder man rennt ablenkungshalber auf die Straße und guckt, wie weit die Beschriftung der Bevölkerung vorangeschritten ist. Man ist schon sehr weit. Noch vor fünf Jahren war lediglich die Jugend beschriftet, heute hat man alle am Wickel. Neulich sah ich eine ca. 70jährige Dame mit Hüftleiden, welche eine Jacke trug, auf deren Unterkante viermal THE SPIRIT OF FASHION zu lesen war. Auf dem Rücken der Jacke, die nie modern war noch je modern sein wird, befand sich ein funktionsloser dreieckiger Lederaufnäher, auf dem stand ACTIVE LINE MORE AND MORE.

Active ist ein sehr beliebtes Wort. Auf einer Parkbank saß ein alter Mann, der auf der Brustseite seiner Jacke ein Metallschild hatte, wo draufstand URBAN MARINER BE ACTIVE LIKE A MAN. In der U-Bahn sah ich einen Schüler mit einem Rucksack, auf welchem zu lesen war STREETLINE ON GRAPHICS DOWNTOWN LAKEWOOD. Als der Schüler erleichterungshalber seinen Rucksack zwischen seine Füße stellte, so daß man nun auch die Rückenaufschrift seiner Jacke sehen konnte: MOVE IT UP IN THE WORLD ALTERNATIVE NATURE BOYSWEAR ENVIRONMENTAL MESSAGE. (Natürlich stand das nicht wie ein Satz da, sondern unter- und nebeneinander, in verschiedenen Schrifttypen etc.) Nach einer Weile zog er die Jacke aus. Auf der Rückseite seines T-Shirts stand geschrieben: 2 PACK RETRO SOUP MIXES. Ich wäre nicht erstaunt, wenn demnächst z. B. der Eichborn Verlag ein gar lustiges Verschenkbüchlein mit den lächerlichsten englischsprachigen Freizeitbekleidungsbeschriftungen auf den Markt bringt. Warum läßt die Bevölkerung das mit sich machen? Dünkt es einen cool, beschriftet zu sein? Dies ist es gar nicht immer. Einmal spazierte ich mit jemandem durch die Geographie, der ein Fachmann in Stil- und Coolnessfragen ist. Wir sahen einen Mann mit einem Sweatshirt, wo draufstand HARD ROCK CAFÉ BERLIN. Da sagte mein Begleiter fachmännisch: «Uncooler geht's wirklich nicht.» Ich selbst besitze nur eine einzige beschriftete Anziehsache, ein T-Shirt, das mir vor einigen Jahren mal in neckender Absicht ein Weggefährte schenkte, auf welchem steht: BIER FORMTE DIESEN WUNDERSCHÖNEN KÖRPER. Das Shirt war damals gerade ganz neu auf dem Witzhemdchenmarkt und daher noch einigermaßen komisch, aber ich habe es trotzdem nie angezogen. Als eine Freundin von mir hochschwanger war, hatte ich kurz in Erwägung gezogen, es ihr zu schenken, nicht ohne zuvor das Wort BIER durchzustreichen und die ihren Fall betreffende Substanz drüberzuschreiben, aber ich hatte diese Freundin schon einmal mit einem höchst uneleganten, Mutterschaft betreffenden Witz genervt, und ich wollte nicht aus ihrer Gunstsphäre rutschen. Wir waren in einem Café gesessen, es war noch ein Stuhl frei an unserem Tisch, es kam zur Tür herein ein mir bedauerlicherweise flüchtig bekannter Widerling. Es gibt ja Leute, die einem so unsympathisch sind, daß es einem vorkommt, als stünde die gesamte Überbevölkerung in einen Körper komprimiert vor einem. Aus Abscheu vor dem Widerling sagte ich zu der Freundin: «Du bist doch eine Frau. Du kannst doch gebären. Gebär mir doch bitte mal einen Igel und leg den auf den freien Stuhl, damit sich die Drecksau da nicht hinsetzt.» Das fand die Freundin gar nicht gut. Ich möchte ihr bloß nicht noch mal mit so was kommen, muffelte sie, ihren Bauch ängstlich betastend. Daher verbiß ich mir den uneleganten T-Shirt-Witz.

Was ist eigentlich Eleganz? In Wahrigs Wörterbuch steht: «modisch (aber sparsam in den Mitteln), stilsicher, verblüffend gewandt». Sicher sind aus dem Munde von Coco Chanel, Wolfgang Joop und anderen Experten noch trefflichere Definitionen überliefert. Wie wäre es mit: «Eleganz ist eine Form von Komplexität, die sich nicht über die Einfachheit erhaben fühlt.» Schicke Definition! Sicher von einem Zuckerstückchen, und drunter steht Peter Ustinov, Oscar Wilde oder so Leutchen. Weit gefehlt! Es ist eine selbstgemachte Definition, die ich mit viel Liebe in meinem Privatkopf hergestellt habe. Selbst die gequälteste selbstgemachte Definition ist immerhin etwas Besseres als selbstgemachte Schweinskopfsülze. Manche Hausfrau versucht ihren matt funzelnden Ehehimmel neu zu besternen, indem sie ihren heimkehrenden Mann allabendlich mit Sülze überrascht. Doch seit Jahren spricht der Gatte: «Schweinskopfsülze, nein mein Schatz! Verriegelt bleibt der Hosenlatz!» Spinnenweben bilden sich zwischen seinem und ihrem Kopfkissen, was unter Fachleuten als untrügliches Zeichen gilt, daß die Billardkugel, die wir Sex nennen, von der Salzstange, die wir Verlangen nennen, nicht mehr angestoßen wird auf dem Billardtisch der Ehe. «Sie» sollte der Abwechslung wegen mal versuchen, «ihn» mit einer selbstgemachte Definition zu überraschen. Staunen wird sie: Es knirscht der Schlüssel im Schlüsselloch. Der Mann stellt seine Aktentasche auf seiner Aktentaschenabstellstelle ab. Da kommt die Frau aus der Küche gesprungen und ruft: «Weißt du, was Liebe ist? Liebe ist, einen Mann, der keine Schweinskopfsülze mag, nicht mit Schweinskopfsülze zu überraschen, sondern mit selbstgemachten Definitionen und ernteaktuellen Salatvariationen!» Da freut sich der Mann und ist seiner Frau gern wieder im Sinn der Ehe dienlich.

Ich sollte eine private Zuckerstückchenedition herausbringen mit aphoristischen Definitionen wie «Aufräumen ist, was man macht, bevor Besuch kommt» oder «Die Überbevölkerung sind alle, die dich nicht lieben» oder «Wein ist, was man trinkt, wenn das Bier alle ist». Besser noch, ich verscherbele die prächtigen Slogans an einen Witzhemdchenfritzen. Ein T-Shirt mit dem Wein-Slogan könnte ein Hit werden unter angepunkten Winzersöhnen, die den väterlichen Betrieb nicht übernehmen wollen. Es wäre auch ein gutes Accessoire für den Frechdachs-Tourismus. Mit besagtem T-Shirt während der Weinlese durch die Weinberge spazieren, ein unschuldig Liedchen pfeifend, das wäre doch mal was. Das Shirt muß mindestens 40 Mark kosten. Was zu billig ist, achten die Leutchen nicht, und Gratiskram ist immer Kacke. Überall liegen Gratiszeitschriften auf Treppen, Buffets und Konsolen. Weil sie umsonst sind, greifen die Leutchen danach, und daheim wird das Produkt ungelesen fortgeworfen. Millionen Tonnen Papier sinnlos bedruckt! Die Leutchen drucken so viel Lesestoff, daß man meinen muß, sie wollten alle von Natur und Bruderhand Dahingerafften sämtlicher Epochen lektüremäßig mitversorgen.

Gar nicht prima sind auch Gratis-Kulturveranstaltungen. Da werden die Kulturschnorrer herbeigelockt. Welche, die denken, leise Stellen in der Musik sind dazu da, daß das Publikum in Meinungsaustausch über die lauten Stellen treten kann. Welche, die rascheln, Hunde mitbringen, dauernd rein- und rauslaufen, Zwischenrufe fahren lassen, den Kopf hin und her schleudern und das seriöse Publikum, das auch Eintritt bezahlt hätte, am freudigen Empfinden hindern. Ein großes Thumbs-down! Talking about den Kopf hin und her schleudern: Als ich Anfang August eine kurze Pause zwischen zwei Bombenanschlägen nutzte, um mich in Paris zu tummeln, erklärte mir einer, woran man die deutschen Touristen erkenne. Man erkenne sie daran, daß sie sich um die Straßenmusikanten am Centre Pompidou scharen, mit dem Kopf wackeln und mit um den Po gebundenen Pullovern ekstatisch tanzen. Anderer Nationen junge Abgesandte tapsen nur ein bißchen mit dem Fuß. Die Deutschen müssen immer zeigen, wie unverkrampft sie sind, und ihre Ich-bin-die-Désirée-aus-Tübingen-und-habe-so-viel-Körpergefühl-wie-der-gesamte-Senegal-Show abziehen. Ich finde das eher süß als schändlich. Süß ist auch, wie die deutschen Mädchen ihren Paris-Aufenthalt verbringen. Sie gehen von einem Portraitzeichner zum nächsten und lassen sich zeichnen. Die Zeichner sind routinierte Hasen, welche die physiognomischen Merkmale eines Girls mit einem festen Blick erfassen und in wenigen Minuten umsetzen. Die Mädchen aber denken, jetzt komme es ganz furchtbar darauf an, still zu sitzen und jeden überflüssigen Lidschlag zu vermeiden. Sie sitzen ganz starr da, mit kraftvoll aufgerissenen, furcherregend ausdrucksstarken Augen, und der Mund ist immer leicht geöffnet, ein oder zwei Mal lecken sie sich verstohlen die Lippen feucht, denn auch ein feuchter Mund, der einen Spalt weit offen steht, gilt als ausdrucksstark, als erotisch. Die Mädchen könnten sich während der Sitzung auch in der Nase bohren und Hubba Bubba kauen, die Zeichner würden ihnen immer ausdrucksstarke Augen und erotische Münder malen, denn diese Leutchen sind ja nicht vom Mond. Nach dem Modellsitzen gehen die Girls zur Souvenirbude und kichern ganz lange über die Postkarten mit den nackten Männern. «Guck mal, Vanessa, der ist doch voll süß!» – «Mensch Stephanie, du hast echt einen guten Klamottengeschmack, aber dein Jungsgeschmack, also nee!» – «Ich finde, der hat einen unheimlich ästhetischen und ausdrucksstarken

Körper.» – «Wetten, der ist schwul?» – «Oh, Vanessa, du bist
voll gemein. Wieso soll der denn schwul sein?» – «Weil die
alle schwul sind, Stephanie. Das sind nämlich Schwulenpost-
karten.» etc. Zum Verschicken kaufen sie daher doch lieber
eine Karte mit weichgezeichneten Wildpferden in der Ca-
margue oder ein anspruchsvolles Schwarzweißfoto eines alten Mannes, der in einem Bistro sitzt und Zeitung liest. Mädchen: Mit ausdrucksstarken Augen auf anspruchsvolle Bilder
blicken, das wollen sie, und warum sollte sie jemand daran
hindern.

Wenn vom Thema Postkarten die Rede ist, darf auch ein dü-
steres Kapitel nicht unter den Teppich gekehrt werden: *Ed-
gars Gratispostkarten*. Wenn die Leutchen in der Kneipe von
der Toilette kommen, bringen sie immer einen Schwung davon mit und beömmeln sich dann rundum darüber. Es ist
nicht nötig, dies gestelzt und barsch zu kommentieren, doch
lustig sind diese Karten nie. Sie sind penetranter Werbejux-
schrott, den man niemals an seine Liebsten und Teuersten
schicken kann. Stolz an den Ständern vorüberschreiten, dieses sei die Marschparole! Für seine Augensterne sollte man
schon 50 Pfennig überhaben. 50 Pfennig reichen aber auch.
Die größeren Karten mit «interessanteren» Blickwinkeln von
«besseren» Fotografen, die immer gleich DM 1,50 kosten, die
kann man getrost im Ständer belassen. Mädchen aus gehobenen Wohnlagen werden sie kaufen.

Manche wohnen ja im falschen Körper und wären gern ein
Mädchen. Wenn ich mich jedoch im Spiegel sehe, denke ich:
Das ist, traurig wie die Welt nun mal ist, genau der richtige
Körper für mich. Doch genau wie ich gerne mal eine Zeitlang
ein Schwarzer oder ein Jemenit wäre, hätte ich Interesse dar-
an, ein Jahr lang ein Mädchen zwischen 12 und 16 zu sein.

Das muß doch aufregend sein, wenn da mit aller Macht diese wilde weibliche Biologie angerumpelt kommt. Spannend wie ein Krimi. Das Schönste am Mädchendasein muß aber das Kreischen sein. Es gibt unterschiedliche Theorien, warum Frauen später sterben. Für mich ist klar: Das hemmungslose Kreischen entspannt und entkrampft so anhaltend, daß Frauen den Widrigkeiten des Lebens besser trotzen können. Wenn im Fernsehen über die Kreisch-Girls berichtet wird, hört sich das immer so an, als hätten die einen Knall oder wären furchtbar sensibel. Wenn nach dem Auseinandergehen einer Boy Group mal irgendwo ein Mädchen das Wohnzimmer ihrer Eltern zertrümmert, sollte das nicht von der Tatsache ablenken, daß Millionen anderer Mädchen friedlich und fröhlich vor sich hinreinen. Sie tun es, weil es Spaß macht, und natürlich damit der verwirrte Vater sagt: «Ist das noch mein kleines Mädchen?» und weil sie es halt dürfen in dem Alter. Später wird es ja nimmer geduldet. Vor zehn Jahren habe ich mal während einer Achterbahnfahrt gekreischt. Hinterher sagte meine Mitfahrerin, daß sie mit mir nie wieder Achterbahn fahren würde.

In die U-Bahn stieg neulich eine aufgeregte Gruppe von Schulmädchen, die wohl gerade eine Bio-Arbeit geschrieben hatten. In das allgemeine Gegacker hinein krähte eine der ca. Fünfzehnjährigen einen Satz, wegen dem ich beinahe vergnügungshalber geplatzt wäre: «Ich alte Schwuchtel habe vergessen, hinter Enddarm in Klammern Mastdarm zu schreiben.»

So schöne Sachen sagen natürlich auch die tollsten Mädchen nicht alle naslang. Es ist aber auch hübsch zu hören, wenn sie jene typischen Jugendsätze sagen, die intelligente Jugendliche halt so sagen, wie z. B.: «Ich finde es okay, sich nackt fotografieren zu lassen, solange es ästhetisch ist.» Oder: «Chaos ist der Beginn jeder neuen Ordnung.» Als Erwachsener sollte man solche Phrasen meiden, aber Jugendliche haben einen Brabbelfreibrief. Oder auch sehr gut: «Sexualität hat sehr viel mit dem Tod zu tun.» Sexualität hat zwar rein gar nichts mit dem Tod zu tun, aber wenn jemand mit 15 so einen Satz sagt, dann ist das einfach süß.

Ich sage: «Mädchen sind der Beginn jeder neuen Ordnung und haben sehr viel mit dem Tod zu tun.» Ist das auch süß?

Zur Herzverpflanzung fährt man nicht mit dem Bus

November 1995

Dr. Erika Fuchs, Übersetzerin der klassischen Donald-Duck-Stories, hat einmal einer Figur einen Satz in den Schnabel gelegt, an den ich immer denken muß, wenn ich Äpfel mit Birnen vergleiche, was jeder Mensch tun muß, der die Unterschiede zwischen den beiden Früchten kennenlernen möchte. Der Satz lautet: «Wer keine weiche Birne hat, ißt harte Äpfel aus Halberstadt.» Leider sind harte Äpfel aus Halberstadt so gut wie nie im Angebot, doch das grämt mich heute nicht, denn ich habe eine schöne Birne gegessen, und wann kriegt man schon mal eine schöne Birne? Schon Äpfel sind meist nicht perfekt; zu mehlig, zu wässerig, zu sauer, zu groß, zu langweilig, Pelle bitter etc. Irgendwas ist meistens falsch an einem Apfel. Man stopft die Viecher wg. easy Frischzeugzufuhr in sich rein. Ein Apfel ist aber vollkommener als eine Birne. Hat man nicht ausnahmsweise eine frischgepflückte, vollreife Butterbirne zur Verfügung, ist an einer Birne eigentlich alles falsch. Entweder sie ist hart wie das Leben einer Tempelhure in Salt Lake City, oder sie tropft dermaßen, daß hinterher das ganze Appartement unter Wasser bzw. Birnensaft steht und die Bürger, die unter einem wohnen, angetrampelt kommen und Zaster begehren wegen der Flecken an ihrer Zimmerdecke. Am ärgsten sind Birnen, die nach dem Kauf zu hart zum Verzehr waren und dann für drei Wochen in die Obstschale einer verqualmten Küche gelegt wurden: Die schmecken unmißverständlich nach Aschenbecher.

Eine ideale Birne habe ich noch nie gegessen, aber heute eine gute. Manch einem mag es vielleicht öde und auch ordinär erscheinen, einfach sein Gebiß in einen Klumpen blaßgelben Fruchtfleisches zu rammen. Ich kann den Menschen einen Ratschlag geben, wie man den Verzehr einer Birne in ein delikat-burleskes Boheme-Spektakel verwandeln kann. Also: Birne in viele kleine Teile schneiden. Schälen der Birne mitnichten vonnöten. Birnenteilchen in ein Glas mit Ovomaltine-Milch schmeißen. Birnenteilchen mit heiterer Miene aus der Ovomaltine-Milch herauslöffeln. Ovomaltine-Milch auf herkömmliche Weise austrinken. Dieses Rezept, welches heißt «Moderne Milch» oder «Ein burleskes Glas Milch», habe ich bislang für mich behalten. Es stellte für mich eine private Freudenquelle in einem ansonsten vollkommen trostlosen Dasein dar. Heute aber dachte ich, anderen Menschen geht es bestimmt schlechter als mir, da will ich mal nicht so sein. Deswegen war ich mal nicht so. Ich weiß auch noch eine junge Dessert-Idee mit Ovomaltine. Den Inhalt eines Bechers Aldi-25-Pfennig-Joghurt mit Ovomaltine und einer gewissen Menge Himbeer-Sirups von Spinnrad, der Drogerie mit dem guten Gewissen, verrühren und aufessen. Schmeckt wie Joghurette, nur nicht so super-eklig.

Ich würde gerne mal mit sieben nackten Hermann-Hesse-Fans durch einen Obsthain wandeln und eine selbstgepflückte Birne von idealer, minutengenauer Reife in mich hineinschmausen. Das wäre eine ähnlich essentielle Lebenserfahrung wie eine Geburt oder der Militärdienst. Der Verlockung, dem Militär zu dienen, hab ich seinerzeit männlich widerstanden, denn mein Wahlspruch lautete damals: «Wer keine weiche Birne hat, ißt nicht nur harte Äpfel aus Halberstadt, sondern hält sich auch fern vom Militär, denn beim Militär lernt man nur Popo-Kacke.» Fährt man freitags Zug, drängt sich der Eindruck auf, der Wehrdienst verzaubere nette junge

Männer in Gase und Gebrüll ausscheidende Monster, doch dieser Eindruck ist fehlerhaft. Schließlich gibt es auch den «normalen» jungen Mann, den stillen, sensiblen, religiösen, ernsthaften, konservativen, der aus innerer Überzeugung heraus vermutet, es könne irgendeiner guten Sache dienen, dem Frieden etwa, wenn er sich beim Barras verdingt. Ich vermute zwar aus geradezu inbrünstiger Überzeugung heraus, daß alles Militärische dermaßen widerlich sei, daß man es ablehnen *müsse*, aber was kann denn der ernsthafte junge Mann dafür, daß ich frecherweise das Gegenteil von dem vermute, was er vermutet? Ich würde mit ihm gern in eine inter-ideologische Vermutungsgemeinschaft eintreten, aber wen soll das freuen? Jedenfalls sprach ich «No Sir», als mich seinerzeit das Kreiswehrersatzamt behelligte, und ich strich mir durchs Haar wie Klaus Kinski in der einen berühmten NDR-Talkshow mit Alida Gundlach oder wie die heißt, in welcher

Familie Schmidt, seit 1923 im Dienste des Greifvogelschutzes.

er, glaube ich, sein eines Buch promotete, in dem die Formulierung «ihr von Fickwunsch zerfurchtes Gesicht» vorkommt. Ein gutes Buch! Übrigens auch ein recht akzeptabler Zerfurchungsgrund! Wie gesagt, dem Militär habe ich mit zwei aneinandergelegten Händen eine lange Nase gezeigt, aber geboren wurde ich. Mannomann, in fact, geboren – das ist exakt das, was ich wurde.

Ich lag sogar mal in einem mit Salzlake gefüllten Metallsarg und sah die Wiederholung meiner Geburt. Anfang der achtziger Jahre war das kurz mal Mode, Psycho-Tank nannte sich das, und man erlebte wirklich, wie die Erinnerung an seine Geburt erwachte. Es klappte, auch wenn man vorher überhaupt nicht dran geglaubt hatte. Ein Psycho-Tank-Fan hatte mir damals erläutert, daß natürlich kein Mensch ein so wichtiges Ereignis wie seine Geburt vergesse, man verdränge es nur, weil die Geburt für das Kind viel unangenehmer sei als für die Mutter. Die Geburt sei das unangenehmste Erlebnis im Leben eines Menschen, der Tod sei das schönste. Wieso dieser Mensch damals in mir den Wunsch auslöste, ausgerechnet das unangenehmste Ereignis meines Lebens *noch einmal* zu erleben, kann ich mir heute nicht mehr erklären. Ich zahlte aber 75 DM und legte mich zwei Stunden in die tragende Lake. Es herrschte vollkommene Dunkelheit. Klar, daß ich bald allerlei sah. Irgendwann sah ich mich auch in Zeitlupe aus dem endlosen Muttertunnel rausbrechen. (Genauso empfand ich es.) Eine Erinnerung ist aber etwas ganz anderes als die Wiederholung eines Fernsehfilms. Ich weiß noch, daß ich während des Geburts-Revivals dachte, daß das ja keine typischen Fünfziger-Jahre-Klamotten sind, die die Hebamme trägt, und ich bin mir vollkommen sicher, daß ich so etwas bei meiner echten Geburt nicht dachte. Von einem

Traum unterschied sich die wiederbelebte Erinnerung durch vollkommene Lautlosigkeit und einen langsamen, ganz kontinuierlichen Handlungsablauf. Wirklich spektakulär war die Chose aber nicht, es war ein eher dröges Geglitsche – das Wiedererleben klappt nicht so richtig, vermutlich, weil der Mensch kein Gedächtnis für körperlichen Schmerz hat. Ich habe es einige Wochen später noch mal versucht, da bin ich aber eingeschlafen in der Psychobrühe und hatte die grausigsten Albträume.

Seitdem habe ich nie wieder etwas von Psycho-Tanks gehört. Sie scheinen out zu sein. Übrigens kann etwas nur dann out sein, wenn es zuvor einmal in gewesen ist. Das scheinen die-

Friday night – die alte Frage: Disko, Kino, Grieche oder Italiener? Oder soll es mal was ganz anderes sein? Wie wäre es mit einer zünftigen Vasenbestaunung? Vasenbestaunungen sind bei der pop-urbanen Lebensstil-Elite längst zu Pflicht-Events avanciert. (Was die abgebildeten Night-bopper nicht wissen können: Die Vase ist bis zum Rand mit Sperma gefüllt.)

jenigen, die die In & Out-Liste für die ‹BILD-Zeitung› schreiben, nicht zu wissen. Unter Out stehen da immer die abwegigsten Dinge, neulich z. B. «ohne Schuhcreme verreisen» und «fettige Telefonhörer». Und am 18. 5., das hab ich mir aufgeschrieben, war sogar zu lesen, daß «nach Schweiß riechende Fahrstühle» und «sture Tischler» out seien. Es ist amüsant, sich vorzustellen, daß sture Tischler, die in miefigen Fahrstühlen stehen, von manchen Menschen noch vor kurzem als zeitgemäß empfunden wurden. Spaßeshalber möchte ich mir erlauben, auch eine Out-Liste in dem Stil zu erstellen Wenn den ‹BILD›-Redakteuren gar nichts mehr einfällt, dürfen sie mich gern gratis fleddern.

OUT:
– Reisedunstabzugshauben
– Auf Bierdeckeln KZ-Gedenkstätten entwerfen
– Erkältete Wahrsagerinnen in zu engen Jeans küssen
– Mit öffentlichen Verkehrsmitteln zu Herzverpflanzungen fahren
– Musicals über Kiesgruben, die «Mama» sagen können
– Sich in einer Flugzeugtoilette den Vollbart abschneiden
– Blinden 6,9 kg schwere Pakete mit Abfall schicken, nur weil eine Blindensendung bis 7 kg portofrei ist
– Mit zwei Sonnenbrillen auf der Nase nachts schwarze Tücher suchen
– Geburten im Fernsehen

In meiner mittleren Kindheit war das Fernsehen richtig eklig. Neben den ewigen Mondlandungen wurden *ständig* Geburten und Herzverpflanzungen gezeigt. Selbst während der Tagesschau wurde mir übel, weil oft von der englischen Labour

Party die Rede war und ich mich vor gebratener Leber grauste. Die Farben, welche die Fernsehgeräte damals wiederzugeben in der Lage waren, bellten einen in ihrer Orangelastigkeit an wie herzkranke Köter. Es war nicht schön zu sehen, wie Professor Christiaan Barnard stundenlang in siechen Wänsten herummanschte. Die Übertragungen waren aber beliebt, denn der Herzverpflanzer war auch ein Herzensbrecher, so eine Art Gunter Sachs der Kardiologie. Die Frauen unseres Planeten gurrten erregt beim südafrikanischen Organ-Gemansche. Ihre Gesichter waren zerfurcht von Mitmanschwunsch. Ich bevorzugte die Mondlandungen. Insbesondere gefielen mir die Illustriertenwitze, die diese im Schlepptau führten. Witze, in denen Putzfrauen aus Versehen Mondraketen starteten. Abgefahren waren auch die Anti-Gammler-Witze. Der eine z. B., wo ein Mann vor einem Affenkäfig steht, und der Zoowärter sagt zu ihm: «Nein, das ist nicht John Lennon.» Dazu muß man aber wissen, daß dieser Witz entstand, kurz nachdem John Lennon und Yoko Ono auf dem Affenfelsen Gibraltar geheiratet hatten.

Genannter Witz war vor einigen Monaten in der Kunsthalle Bremen zu sehen, und zwar anläßlich einer Ausstellung über Leben 'n' Werk von John Lennon. Da, wie es oft der Fall ist, nicht genügend Exponate aufzutreiben waren, wurde die Ausstellung mit allerlei zeittypischem Ramsch aufgefüllt. In einer Vitrine war u. a. eine Greatest-Hits-LP von Rudi Carell zu sehen. Haha, diese beiden Weggefährten sollen sich ja gegenseitig massiv beeinflußt haben. Günter Strack hat auch mal eine LP gemacht, zwar nach dem Tode Lennons, aber zu Lebzeiten von Yoko Ono. Die hätte man also eigentlich auch noch dazustellen können. Es hingen in der Lennon-Expo auch Kopfhörer zum Tondokumentelauschen. Ich setzte mir einen auf, da hörte ich ein deutsches Mädchen rufen: «Wir sind vom Intoleranzbekämpfungsclub und kämpfen für den Minirock und Anti-Baby-Spray.»

Ich bin auch vom Intoleranzbekämpfungsclub, aber ich kämpfe nicht für den Minirock, sondern für Lyrikbände in der Hand von Piloten. Mir haben dubiose Winde nämlich das streng geheime Prüfungsmaterial für angehende Lufthansa-Piloten in die Hand geweht. Die darin enthaltenen «Testfragen Psychologie» umfassen ca. 200 Statements, auf welche die Prüflinge ankreuzenderweise mit «stimmt», «stimmt nicht» oder «unsicher» zu reagieren haben. Ein Statement ist: «Ich bewundere die Schönheit eines Gedichtes mehr als die eines ausgezeichnet gearbeiteten Gewehrs.» Für besonders geeignet, eine Lufthansa-Maschine zu steuern, wird derjenige erachtet, der diese Frage verneint. Auch der Satz «Ich würde kaum zögern, auch alte und schwerbehinderte Menschen zu pflegen» sollte der Pilot in spe verneinen, sonst gibt es Minuspunkte. Gleiches gilt für «Ich denke oft, daß ich meinen Konsum einschränken muß, um an benachteiligte Menschen abzugeben» und «Wenn jemand weint, möchte ich ihn umarmen und trösten». Eine Bestätigung hingegen wird erwartet und gut bepunktet bei dem Satz: «Als Kind habe ich manchmal anderen die Arme umgedreht.»

Mir ist klar, daß die Lufthansa keinen Bedarf an nervösen Dandys und Hasenfüßen hat. Nur drängen solche Leute von Natur aus nicht in die Cockpits. Es ist kein Geheimnis, daß die Fliegerei eine der letzten Bastionen des Herrenmenschen kolonialer Prägung ist. Vor einiger Zeit spielte ich mal mit dem Gedanken, einen Flugschein zu machen, denn, das gebe ich kleinlaut murmelnd zu unter meinem nurmehr käsig glimmenden Öko-Heiligenschein, ich finde es ultrageil, in kleinen Flugzeugen herumzufliegen. Ich kann auch schon ganz viel: Wenn man drückt, werden die Häuser größer, wenn man zieht, werden die Häuser kleiner. Aber das Fliegermilieu ist so unsympathisch. Aus glaubwürdiger Quelle kam mir zu Ohren, daß bei einem Fortbildungskurs für junge Piloten niemand Einspruch erhob, als *der Lehrer* die südliche Halbkugel wiederholt als «die Bimbohälfte» bezeichnete. Wie unschön, in einem Linienflug zu sitzen mit dem Wissen, daß der Blechvogel – man sagt doch Blechvogel, oder? – von jemandem bedient wird, der in seiner Freizeit Gewehrläufe anschmachtet und gebrechlichen Menschen eher die Arme umdrehen würde, als sie zu pflegen. Ich wäre ja wohl eher so ein Flieger im Stil von St. Exupéry geworden. Ich würde vielleicht keinen *Kleinen Prinzen* schreiben, aber vielleicht, hahaha, mal einen kleinen Prinzen mitnehmen. Hahaha. Oder ich würde Franz-Josef Strauß nacheifern und immer ganz weit unten fliegen, um mich an vertrauten Bierzelten zu orientieren bzw. an Birnenhainen. Wenn ich dann irgendwo die ideale Birne sehe, klappe ich das Fenster auf und pflücke sie mir. Dann gehe ich wieder nach oben und mampfe die Birne über den Wolken. Mjam, mjam, mjam.

Prima ist es an der See. Man kann einen Furz lassen, und der Furz wird umgehend ins befreundete Ausland geweht, z. B. nach Dänemark, dem Land mit der einzigen rauchenden Königin der Welt. Sie raucht sogar beim Unterzeichnen von Gesetzen. Ich hab das mit meinen eigenen Augen im Fernsehen gesehen! Außerdem heiratet ihr Sohn Joachim demnächst eine schnuckelige Finanzmaklerin aus Hongkong. Das Paar wird auf Schloß Schnakenburg oder so ähnlich wohnen. Schloß Schnakenburg jedoch ist ziemlich hinüber, ist bröselig, wackelt wie Wackelpudding, ruht auf tönernen Füßen. Ungut für das junge Glück. Um die Gelder für die notwendigen baulichen Maßnahmen reinzukriegen, hat sich der dänische Hof überlegt, hach, wir könnten doch einfach ein Foto machen und einen Bogen mit Hochzeitsmarken, und jeder, der umgerechnet mindestens DM 7,50 einzahlt, kriegt diese beiden Sachen. Außerdem werden, so meldet zumindest die Zeitschrift ‹Neue Welt für die Frau›, die Namen sämtlicher Spender im Fernsehen vorgelesen. Was für ein abgrundtief gräßlicher Gedanke! Da das Königshaus in Dänemark nicht unpopulär ist, wäre es nicht verwunderlich, wenn eine Million Menschen sich an der Schnakenburg-Aktion beteiligten.

Das Verlesen dürfte etliche hundert Stunden dauern. Die arme Fernsehansagerin! Nach einigen Stunden sackt ihre Frisur in sich zusammen, Schleimknödel sammeln sich in ihren Mundwinkeln, und Krächzigkeit stellt sich ein. Bald wird nur noch eine 52-Stunden-Ekstasekapsel sie wachhalten können! Was aber, wenn sie eine Kapsel erwischt, die Unterleibswünsche aktiviert? Werden sich die Dänen nicht mulmig fühlen, wenn ihr Name in aller Öffentlichkeit von einer vollkommen verschmutzten, heiseren, vor Geilheit schnaubenden und mehrere Zentimeter auf- und niederbebenden Frau verlesen wird?

Wenn man die Regenbogenpresse liest, erfährt man schöne Dinge. Ich weiß z. B., daß Wencke Myrrhe eine gemütliche Küche hat, was aber nicht bedeutet, daß ich so hinterhältig bin, Leuten, die solche Zeitschriften nicht lesen, zu unterstellen, daß sie ihre Lebenszeit damit vertändeln würden anzunehmen, Wencke Myrrhe habe eine ungemütliche Küche. Nach zwar höchst unregelmäßigem, aber zwei Jahrzehnte langem Studium von Käseblättern habe ich übrigens durch Analyse herausgefunden, was sogenannte Prominente am liebsten tun: Neben «sich wahnsinnig auf das Baby freuen» ist es folgendes: *Sie tragen am liebsten Jeans und Pulli und bummeln unerkannt durch die Straßen.*

Auch ich tue das gerne. Als ich neulich mal wieder in Jeans und Pulli unerkannt einkaufte (neue Jeans, neue Pullis), ging mir mancherlei durch den Kopf. Ich dachte z. B., daß ich endlich damit beginnen sollte, schöne Achate zu sammeln, denn Achate bringen's, aber dann dachte ich, mein Gott, was soll ich denn mit einer blökenden Achatsammlung. Was man halt so raisoniert als Sternchen auf der Promenade. Langes Haar und kurzes Röckchen und immer «Hallo Süßer» rufen, wenn mal einer guckt. Wenn aber mal einer frech kommt, dann sagt man: «Halt deine wurmstichige Leberwurstfresse, du als Mann verkleidete Hobby-Klofrau.» Bei meinem weiteren unerkannten Einherschlendern in Jeans und Pulli bemerkte ich, daß ein Juwelier in der Osterstraße eine *Ohrloch-*

stechwoche veranstaltet, was ein prima Wort für eine sicher noch primaere Woche ist. Falls jemand einen besseren Komparativ zu «prima» hat, kann er den ja mit dem Fingernagel in eine Bananenschale ritzen, aber Kofferpacken und nach Hamburg düsen ist nicht nötig, denn die Ohrlochstechwoche ist zum Zeitpunkt des Erscheinens dieser Fachpublikation bereits gelaufen.

Wenn man Zugang zum Internet hat, kann man sicher in Sekundenschnelle die Termine sämtlicher Ohrlochstechwochen des Universums abrufen. Da ich in bezug auf neue Kommunikationstechniken ein wenig hinter dem Monde wohne, habe ich neulich mal zwei Herren besucht, die eine mit den allerneuesten Apparaten vollgestellte Wohnung bewohnen. Ich wollte auch mal durchs Internet surfen. Man will ja nicht das moderne Leben teilnahmslos an sich vorbeipiepsen lassen. Man surfte also. «Ich will jetzt natürlich mal diesen Nazikram gucken, von dem überall berichtet wird», sagte ich. Die Freunde hackten und tippten, doch kein Nazikram erschien. «Na ja, gut, was gibt's denn sonst noch?»

Wir surften in die Zeitung des Studentenwohnheims am Kastanienweg in Aachen, wo seligmachende Details über die dortigen Aktivitäten zu erhaschen waren. Man konnte auch ein Bild der erwähnten Wohnanlage auf dem Monitor erscheinen lassen, bzw., noch toller, sogar zwei: eines aus der Vogelperspektive und eines aus der Rattenperspektive. Ersteres gefiel mir besser, denn wer will nicht von Zeit zu Zeit ein Vogel sein und Studentenwohnheime von oben sehen können? Die Rattenperspektive kennt man ja als erniedrigte Kreatur. Anschließend cyberten wir uns in die britische Hitparade. 40 CD-Singles waren da aufgelistet, und zwar, was keineswegs ein Hammer ist, nach Verkaufszahlen geordnet. Weiter als bis 40 ging's nicht. «In gehobenen Musikzeitschriften geht das aber bis 50 oder 75», meckerte ich und fragte die Freunde, ob wir nicht lieber eine Gastwirtschaft aufsuchen sollten.

Nein, wurde mir beschieden, es werde schon noch interessanter, und saufen vorm Computer sei eh wilder als woanders saufen. Man schickte mich zum Kühlschrank. Weil es im Internet nicht besser wurde, was an der Unerfahrenheit meiner Instrukteure gelegen haben mag, wurde beschlossen, «auf CompuServe zu gehen». CompuServe sei ein «Anbieter irgendwie aus San Francisco oder so ähnlich», über welchen man ins Internet gelangen kann, andererseits sei CompuServe eine Konkurrenz zum Internet. So wurde es mir erklärt. Man verzeihe die wackelige Sprache eines aufgeschlossenen Unbedarften. Das Angebot des Anbieters war ganz gut; bald gelangten wir in die Erwachsenenabteilung, wo man mit Homos aus aller Welt schriftlich plaudern kann. Wir gaben uns einen Codenamen, welcher lautete «Im Schlamm?», und schon hatten wir die schönste Kommunikation mit einem 136 Kilo wiegenden, 39jährigen Brasilianer mit, wie zu erfahren war, stark behaarten Beinen. Ob er denn des Deutschen mächtig sei und das Codewort verstanden habe, wurde gefragt, worauf zurückkam, nein, er sei zwar letztes Jahr mit seiner Mutter in Deutschland gewesen, Frankfurt, Heidelberg, Cologne, nice boys in Germany übrigens, Deutsch verstehe er nicht, aber das Fragezeichen habe ihn fasziniert. «Im Schlamm?» bedeutet «In the mud?» kommunizierten wir zurück, danach ein Smile-Zeichen erschien und die Frage nach Alter und Gewicht. «Los, schreib: ‹Ich bin 15 und wiege 40 Kilo›», schrie einer meiner

Mitstreiter. Wir anderen beiden gaben zu bedenken, das sei zu offensichtlich, auch der frühreifste 15jährige würde sich nicht mit korpulenten Südamerikanern im Schlamm wälzen wollen. Man einigte sich auf «Ich bin 22 und wiege 50 Kilo». Wir taten natürlich so, als ob wir eine Person wären, denn wir wollten nicht, daß jemand denkt, wir seien drei kichernde Männer mit Bierflaschen in der Hand. Wir wollten ja lediglich scheinbar ohne Pulli und scheinbar ohne Jeans unerkannt herumspazieren. Weil das Antworten natürlich etwas dauert, hatten wir immer Verbindung mit mehreren Persönlichkeiten. Zeitgleich mit dem Brasi schäkerten wir mit einem sich «White Master» nennenden New Yorker, der, um andere Teilnehmer aufzugeilen, behauptete, beim CIA zu arbeiten. Mit «Alter: 22» war der unzufrieden. Ob «ich» denn einen jüngeren Bruder habe, wollte er wissen. «Ja!» – «Wieviel jünger?» – «Viel jünger!» (Smile-Zeichen.) Nun ergab sich ein mir bereits aus Zeitungsartikeln bekanntes Problem. Einerseits besteht Grund zu der Vermutung, daß sich im online talk schadlose Weicheier austoben, die im Schutzschild der Anonymität ein bißchen schocken und spinnen wollen. Wir waren ja auch schadlose Weicheier. Andererseits: Vielleicht meinen manche das doch richtig ernst? «White Master» wurde jedenfalls zunehmend gräßlich, den haben wir bald rausgeschmissen. Man widmete sich lieber verstärkt dem netten Brasilianer, der mit der Zeit so sympathisch wurde, daß wir uns gar zu unserer Dreiköpfigkeit bekannten. Als aber ein Polizist aus Wuppertal ankündigte, er wolle uns aufschlußreiche Fotos schicken, sagten wir zum Brasi, er möge bitte hold on a while, we are receiving mail. Es dauerte ewig, bis die Fotos auf dem Bildschirm auftauchten, öde waren sie, und Brasi hatte sich inzwischen verdünnisiert. Irgendwo hingewabbelt vor lauter Kummer. Schade! Sich um deutsche Teilnehmer zu kümmern war generell von minderem Interesse. Ewig die gleichen Fragen nach Alter und Gewicht, ob man diese Kneipe kenne oder jene, ob einem an diesem oder gar an jenem Körperteil Haare gedeihen, oder welche Jeans-Größe man trage. «Was ist deine Levis-Größe?» – «32/32.» – «Toll, ich habe auch 32/32, da können wir uns doch treffen, wenn du mal in Lüdenscheid bist.» Wenn wir keine Lust mehr hatten, ein Gespräch weiterzuführen, verwendeten wir, quasi als Rausschmeißer, folgenden Obszönitätsknüller: «Ich mochte dich auf den Küchentisch knallen und dich durchpoppen wie ein aufgetautes Stück Tiefkühlgeflügel.» Nach *dem* Satz war stets Ruhe im Karton. Nur einer keifte hinterher: «Du bist ekelhaft!»

Einen Abend war es wohl mal lustig im Internet, aber auch nur, weil wir zu dritt waren und unter der väterlichen Fürsorge Christoph Willibald Glucks standen. Die Vorstel-

lung jedoch, allabendlich allein daheim zu sitzen und Polizisten in irgendwelchen Käffern nach ihrer Jeans-Größe zu fragen, ist zum gegenwärtigen Zeitpunkt nicht in meine Lebensplanung integrierbar. Möglicherweise werde ich mich bald eines Besseren belehren lassen, vielleicht bin ich aber auch auf dem Rückweg ins kommunikative Pleistozän.

Vier Jahre lang tanzte ein widerwärtiges Faxphone der Firma Canon auf meiner Nase herum, ein Gerät, welches die abstoßendsten Geräusche von sich gab und nicht müde wurde, Anrufe mit Faxen zu verwechseln. Das ist nun abgeschafft! Mein Dasein ist wieder faxlos. Ich wüßte nicht, was es in privaten Haushalten zu faxen gibt. Das ist doch nur was für Schüler, die einander in puncto Hausaufgaben beraten. Erwachsene haben aber nichts «auf». Angeblich gibt es Leute, die einander per Fax zum Geburtstag gratulieren oder Liebeserklärungen machen. Wie unwarm! Das macht man doch nur, wenn man das Gerät gerade neu hat. Wenn ich mal was zu faxen habe, dann besuche ich andere Leute, die noch ein Fax haben, und lege nach getaner Übertragung ein Fünfmarkstück neben das Gerät, und es entsteht ein scherzhaftes Geplänkel darüber, ob das denn nötig sei mit den fünf Mark, worauf ich die fünf Mark wieder einstecke und denke, «Fünf Mark haben oder nicht haben», und dann gibt's Kaffee und Baumkuchen, und man fragt mich, ob ich zu Potte komme in Liebe und Kunst und ob ich noch immer auswandern wolle etc. Ja, zu Potte komme man ja immer auf diese oder jene Weise, und dann erzähle ich noch, was ich in dem Käseblatt Unglaubliches gelesen habe, daß nämlich im dänischen Fernsehen eine Million Namen heruntergeleiert werden sollen! Der Gastgeber erwidert, das sei ja irre, aber noch irrer wäre es, wenn ein TV-Sender auf die Idee käme, die Namen sämtlicher auf der Welt lebenden Menschen vorzulesen, wie lange das wohl dauern würde, angenommen man benötige für jeden Namen zwei oder drei Sekunden, aber das sei unrealistisch wegen der Spanier mit ihren Lindwurmnamen, dazu kämen noch die Adeligen, ob ein einziges Menschenleben wohl zum Vorlesen all der Namen reiche, er wolle mal rasch den Taschenrechner suchen. Es wird also nun der Taschenrechner gesucht, aber nicht gefunden, tja, da wird über irgendwas anderes geredet. Lustig ist's im Pleistozän der Kommunikation.

Lustig ist die Heiterkeit, lustig ist die Zeitarbeit, lustig ist das Zigeunerleben, valleri, vallera, Widdewiddewitt bum bum, heidewitzka tschingderassa bumsvallera, hey Mann, bleib cool Mann, frag mich bitte nicht, ob ich okay bin, Mann, ich bin okay, sag mir lieber, aus welcher Operette das Lied «Zikke Zacke Zicke Zacke hoy hoy hoy» ist. Lustig auch der ICE-Minibarkellner, der neulich durch den Zug lief und mit ungarischem Akzent rief: «Ässän! Trinkän! Kopfhärär!» Noch lustiger: Ein Mann kurbelt das Autofenster herunter und fragt, womöglich auch mit ungarischem Akzent, einen Passanten: «Können Sie mir sagen, wie ich zur nächsten Samenschluckerei komme?»

In der lustigen Frage liegt natürlich ein herrlicher kleiner Anachronismus. Weiß doch jeder Piepvogel, daß die Zeiten, in denen es noch allerorten die kleine Ecksamenschluckerei gab so wie heute noch die Eckkneipe, daß diese Zeiten zu den als verloren zu betrauernden gehören. Wenn ältere Menschen in den Grünanlagen auf Parkbänken sitzen und verträumt vor sich hin blicken, denken sie oft in schwelgerischer Wehmut zurück an ihre gemütliche, alte Dorfsamenschluckerei. Vorbei! Multinationale Konzerne sind gekommen und haben an den Peripherien unserer urbanen Funktionskomplexe *ein* steriles Samenschluckereicenter neben das andere gebaut. Zehntausend klimatisierte Parkplätze: ja, endlose Harley-Davidson-Rolltreppen: auch; aber Atmosphäre, nachbarschaftliches Geborgenheitsfeeling etc.: nein. Disney, Sony und Nestlé haben heute die Zügel in der Hand und werden sie garantiert nicht wieder zurückgeben

Wenn es nach den Leuten ginge, die Ahnung haben, wo man Clown-Aufkleber hinklebt, dann wäre das Clown-Aufkleberchen vermutlich woanders hingeklebt worden als auf diesen Schattenriss namens «Tatort träumender Mund».

«Kommt nach Berlin, hier geht die Luzi ab», scheint dieser typische Berliner Freak aus dem politischen Untergrund zu sagen. Der Freak ist so gut gelaunt, weil er direkt vor der Aufnahme die beiden typischen Berliner Freak-Getränke, Berliner Weiße mit Waldmeistersirup und Berliner Weiße mit Himbeersirup, getrunken hat.

Wenn man an Schweizer Seegestaden «(k)urlaubt», Sonne, Fun(ta) und Fitness «tankt», dann erfährt man, daß nicht der mit der DDR untergegangene Begriff «Kulturbundschulung» oder wenigstens «Rhabarberkompott» das schönste Wort ist, sondern «Wassersport». Schade eigentlich. Kalten Herzens und ernüchtert kehrt man heim. Gut ist, daß wenigstens die Katze während des Urlaubs nicht verhungert ist. Denn was ist der schönste Satz? Natürlich: «Noch schnurrt die Katz.»

Ich will mich nicht in das Gekoche anderer Leute einmischen, aber wenn ich eine so große Portion Suppe umrühren müßte, würde ich das ganz bestimmt nicht mit einem Kugelschreiber tun.

Wenn so richtig ganz große Stars wie z. B. Liza Minelli auf Tournee sind, müssen sie darauf achten, daß sie nicht jeder erkennt.

Kein Hammer im Haus? Zur Not tut's auch eine Kaffeetasse. (Kleiner Tip: Den Kaffee vorher austrinken. Oder, falls man keinen Kaffee mag: aus dem Fenster gießen. Noch ein kleiner Tip: Das Fenster vorher öffnen.)

Dieses ungewöhnlich blöde Foto von einem ungewöhnlich hellen Dark-Room, in dem ungewöhnlich viel telefoniert wird, erfährt erstaunlicherweise keine Verbesserung dadurch, daß jemand sehr Nettes mit der Hand draufgeschrieben hat, wie der Bodensee auf türkisch heißt.

Bei einem weiblichen Orgasmus wird bekanntlich jahrtausendealtes weibliches Urwissen freigesetzt. Leider ist es bislang noch nicht gelungen, einen weiblichen Orgasmus durchzuschneiden. Daher hier, als matter Ersatz, ein Querschnitt durch einen männlichen Orgasmus. Das Grüne im Hintergrund soll die stark stilisierte Partnerin sein.

An der Gestaltung der Fassade des neuen
«Zentrums für ein Leben ohne Sucht, Angst
und Kloppe» fasziniert alles außer dem völligen Fehlen eines Eingangs.

Wunschtraum wohl jeder durstigen Dame mit Sinn für die Reize von
Retro-Kultur: Vor die Tür zu treten und in einen Schwarm altmodisch
verpackter Getränke zu geraten.

Wenn man Besitzer bestimmter Elektrogeräte ist, muß man nur auf einen Knopf drücken, und schon hat man den Zugriff zum Kulturerbe der ganzen Menschheit.

Seit die Briefmarken in Zehnerbögen verkauft werden, an denen diese komischen bedruckten Schnipsel hängen, kann jeder seine langweiligen Amerikafotos in kleine Kunstwerke mit politischem Sprengstoff verwandeln.

Positiv, daß Frauen jetzt auch Füh-
rungspositionen anstreben. Bedacht
werden sollte aber, daß sich nicht mit
jeder Kopfbedeckung ein internatio-
naler Automobilkonzern glaubwür-
dig ins 21. Jahrhundert führen läßt.

Klar: Wenn man die ganze Nacht Kotzekrusten von Rockerwampen ge-
schleckt hat, empfiehlt sich ein Tag der Ruhe.

Wenn man eine Frau ist und sowohl Kummer als auch einen schön gekachelten Klofußboden hat, dann kann man sich an den kalten Klofußboden schmiegen und hoffen, daß bald eine andere Frau kommt, sich auf einen drauflegt und denkt: Auf dem Kopf einer anderen Frau mit Kummer zu liegen ist schon besser als direkt auf dem kalten Klofußboden.

Erst das eine Schild lesen, sich die Lippen lecken, dann das andere Schild lesen, sich die Lippen lecken und schließlich eine Entscheidung treffen, die nur richtig sein kann.

an «Muhme und Oheim Samenschluck», wie wir sie aus den Schriften unserer Biedermeierdichter kennen und süß finden. Da muß man schon ein Mörike-Dreitagepaket mit 1 Glas Sekt zur Begrüßung buchen und auf der Schwäbischen Dichterstraße herumlaufen, um auch nur eine vage Reminiszenz der Vorkriegssamenschluckereiszene wiederzuschauen.

Wie war es früher schön! Das heimelige Bim-Bam der Eingangstür, das Rattern und Knattern der Registrierkasse, das Kratzen des Bleistifts auf dem Additionsblock, und wenn die Mine mal abbrach, das fast schon vorweihnachtlich lauschige Schnurpseln des Stiftes in Opas altehrwürdigem Bleistiftanspitzer. Nicht zu vergessen das liebenswürdige Rubbeln des Ratzefummels, wenn mal was Falsches aufgeschrieben worden war. Aber das Schönste war doch das geduldige gemeinsame Anstehen. Nazis, Kommunisten, Zentrumsleute, alles stand friedlich beieinander und wartete munter debattierend auf das selige Drankommen. Das waren Sternstunden gutnachbarlichen Informationsaustausches! Was gab es nicht alles zu hören! Daß der Frau Mantovani wieder mal die Holunderkeulchen vom Backbrett geglitten seien, was aber wohl eher kein Anlaß zu einer Staatskrise darstelle, da ihre Holunderkeulchen nie so richtig naturfruchtig-lecker gewesen seien, und daß der kleine Bruno von Familie Möller nun doch laufen könne, weil ihm unerwarteterweise doch noch Beine gewachsen seien. Und stets wurden unsere Bürgergespräche von den geschäftlichen Geräuschen der Frau des Samenschluckereibesitzers untermalt. Der Besitzer selbst stand durchaus auch zur Verfügung, aber er wurde weniger frequentiert, meist saß er nur mit einer gewaltigen Zigarre neben seiner unermüdlich den ehelichen Lebensunterhalt bestreitenden Frau und las den ‹Völkischen Beobachter›. Ein paar Herren legten aber doch Wert darauf, von ihm bedient zu werden. Einerseits die ärmeren. Bei «ihr» kostete es nämlich 80 Pfennig, bei «ihm» nur 50. Die Preise mögen uns heute beschmunzelnswert erscheinen, aber man muß ja in Relation setzen, daß im Jahr 1936 ein Huhn für ein Ei gerade mal eben schätzungsweise soundsoviel Pfennig verlangte! Andererseits gab es aber auch einen ganzen Haufen gutgestellter Knödeltenöre, die sich extra aus dem Parkviertel herbeichauffieren ließen und die darauf bestanden, daß «er» sich ihrer Erbgutträger annehme. «Er» sei einfach besser, meinten die Tenöre. Insgeheim wußten alle, daß «er» besser war, aber wir Arbeiter und Kleinbürger waren damals noch in bestimmte moralische Vorstellungen verstrickt, die wir nicht einfach so abwerfen konnten wie eine Schnecke ihren Schädel. «Sie» war aber auch keine Unberufene! Ihretwegen kamen Salinenarbeiter aus dem weit entfernten Lüneburg angeradelt! Sie mußten nur 60 Pfennig bezahlen. Der Rest wurde in «Dreschsalz» abgegolten. Die Arbeiter mußten sich während der Samenhervorlockungszeremonie in eine Emailschüssel stellen, und der Schluckereibesitzer drosch mit einem Joppenflegel auf die Kleider der Salzarbeiter ein, worauf Salz in die Schüssel rieselte. Was die Salzarbeiter nicht wissen konnten, war, daß die Samenschlucker das erflegelte Salz für teuer Geld den Knödeltenören vermachten. Sie sollen das Salz mit Nivea-Creme vermengt und sich damit von oben bis unten eingerieben haben. Es hieß, so eingesalbt haben sie besonders libidinös knödeln können. Es ist vielleicht nur eine Legende ähnlich der, derzufolge die Beatles, nachdem sie von der Queen für ihre Verdienste in der Exportbilanz ausgezeichnet wurden, in der Toilette des Buckingham-Palastes gehascht haben sollen. Hier aber noch ein humoriges Nebenbei, das ganz bestimmt stimmt: Der Samenschluckereibesitzer war wie vernarrt in die Lektüre des ‹Völkischen Beobachters›. Auch wenn er einen Kunden hatte, mochte er von dem Blatt nicht lassen. Also begutachtete er vor dem Kundendienst das zu bewirtschaftende Leibesorgan und schnitt ein entsprechend großes Loch in die Zeitung. Da sah er dann immer aus wie ein Detektiv in einem Kriminalfilm, ein bißchen anders allerdings auch. Wir Nazis, Kommunisten und Zentrumsleute haben dieses Schauspiel immer gern zum Anlaß genommen, die neuesten Sherlock-Holmes-Witze auszutauschen. 's wird nimmer so kommen, wie's war. Man sollte sich nun aber nicht in scheinheiliger Weinstüberlnostalgie wohlfühlen. Das überlassen wir lieber Peter Alexander, dem Tausendfüßler unter den Allesfressern. Verzeihung, ich habe mich ein wenig verschrieben. Ich meine natürlich «Tausendsassa unter den Alleskönnern». Der hatte mal einen Hit namens «Die kleine Samenschluckerei in unserer Straße». Verflixt, schon wieder verschrieben: Statt Samenschluckerei muß es natürlich Kneipe heißen. Wattige Melancholisierung der Veränderung städtischer Strukturen soll jedenfalls in dieser Philippika keinen Unterschlupf finden. Wer das Verschwinden der intakten Kiezkultur bedauert, sollte sich mal an den eigenen Hosenlatz fassen. Wer fährt denn immer auf die grüne Wiese zu den Centern mit den von selber aufgehenden Türen und den chromblitzenden Roadrunner-Rolltreppen? Das sind nicht immer «die anderen», die Pablo Nerudas, Tilman Riemenschneiders und wie sie alle heißen mögen. Das sind doch wir! Jawohl, wir, die wir hier fett und selbstgerecht herumfleezen, uns mit Hubba Bubba zuknallen und Krokodilstränen wegen des Samenschluckereisterbens vergießen. Wann sind wir denn das letzte Mal durch die Bim-Bam-Tür unserer theoretisch heißgeliebten Tante-Emma-Schluckerei getreten? Wann haben wir das letzte Mal das Schnurpseln eines Bleistifts im Anspitzer gehört? War's letzten Monat, letztes Jahr, ja, waren wir überhaupt schon geboren? Ei ei, da haben wir aber plötzlich ein schlechtes Gedächtnis! Okay okay, am Wochenende, sonnabends kurz vor Ladenschluß, wenn es gar nicht mehr anders geht, da ist der Laden plötzlich gerammelt voll. Da besinnen wir verlogenen Idioten uns plötzlich auf die Werte unseres Kiezes, auf die kleine Drehtöpferei, auf die staubige Gebißmanufaktur der blinden Frau Prinz, auf die Samenschluckerei in dritter Generation. Die restliche Woche sitzen die Tante Emmas in ihren Läden und studieren Sarg-Prospekte. Sind wir wirklich innerlich so verfrostet, so durchgewalkt und abgedroschen, daß uns das nicht mehr aufwühlt? Haben Drogen und die allgegenwärtigen Schreckensszenarios in den Medien uns so abstumpfen lassen, daß wir uns eine Samenschluckerin ohne Sarg-Prospekt in der Hand gar nicht mehr vorstellen können? Könnte sie nicht auch einen Urlaubsprospekt in der Hand halten oder einen Blümchenkleid-Katalog? Auch ein Samenschluckereibesitzer braucht von Zeit zu Zeit einen neuen Anzug. Es geht immer mal was daneben, und es bilden sich allmählich wenig high-society-gemäß wirkende Chromosomalbreikrusten auf den Schultern.

Als der westliche Teil des Berliner S-Bahnnetzes in den achtziger Jahren eingestellt werden sollte, weil kaum jemand S-Bahn fuhr, ertönte an der Spree ein vielzüngiges Geschimpfe. Die Verantwortlichen, nicht völlig doof, erwiderten darauf: «Wer S-Bahn fordert, soll auch S-Bahn fahren.» In Anlehnung daran meine ich: Wer Nachbarschaftssamenschlucke-

reien fordert, soll auch in Nachbarschaftssamenschluckerei-
en hineingehen.

Die lieben Lesefröschchen sollten die nächste Gelegenheit
nutzen, unbequem und kämpferisch für den Erhalt «ihrer»
kleinen Samenschluckerei einzutreten.

Das Argument, dies sei etwas, was der Bekanntenkreis der
Lesefröschchen nicht erwarte, lasse ich nicht gelten. Die Berliner Grünen-Fraktion hat sich auch mal für den Erhalt des
Café Kranzler eingesetzt, indem sie just in diesem Etablisse-
ment demonstrativ Kaffee trank. Das hatte von den Grünen
auch keiner erwartet. Tun Sie es den Grünen gleich, machen
Sie etwas Unerwartetes. Essen Sie auf der Toilette eines Vege-
tarierlokals eine mitgebrachte Mettwurstschnitte! Stellen Sie
sich auf der Toilette eines Homo-Lokals unbekleidete Damen vor! Oder tun Sie noch viel Blöderes: Konstruieren Sie
sich ein Liegefahrrad und gondeln Sie damit durch die Stadt!
In jeder Stadt gibt es zwei oder drei Liegefahrradfahrer, da
kommt es auf einen mehr nicht an. Befestigen Sie an Ihrem
Liegerad ein schäbiges Transistorradio aus rotem Plastik, aus
dem deutsche Schlager und Märsche herausquäken. Hissen
Sie drei große Flaggen auf Ihrem Liegefahrrad, die der USA,
die von Deutschland und die Ihres Bundeslandes! Bilden Sie
sich während des Liegeradelns ein, daß alle Leute Sie wegen
ihres Vehikels beneiden. Erlangen Sie zu keinem Zeitpunkt
Kenntnis von der Tatsache, daß alle Leute Sie wegen Ihres
Vehikels bemitleiden! Hängen Sie an ihr Liegefahrrad einen
Anhänger voll Katzenfutterdosen, denn Sie haben 30 Katzen
daheim! Treiben Sie es noch wilder. Gewöhnen Sie sich ab,
die Tätigkeit, der man mit einem Fernmeldegerät nachgeht,
telefonieren zu nennen. Sagen Sie immer telefonanieren oder
telenieren. Wenn Sie sich neben einen Reiseleiter setzen wol-

len, sagen Sie immer «Stück ma'n Rück, Herr Leisereiter». Kaufen Sie sich mehrérére Platten von zum Bleistift Barbara Streusand, aber in Sterero! Und wie heißt noch der italienische Filmschauspieler? Ach ja, Marcello Masturbani. Liegt einmal Schnee, dann sagen Sie: «Deutschland. Ein Wintermärchen.» Fährt der Fahrer im Auto vor Ihnen bei Signalwechsel nicht sofort los, fauchen Sie bitte: «Grüner wird's nicht!» Drehen Sie eine gräßliche deutsche Komödie, dann betiteln Sie diese bitte: «Liebe und andere Katastrophen.» Geben Damen aufgrund ihrer lustigen Ausdrucksweise dezibelstarke Töne von sich, dann sagen Sie: «Die Frauen haben gekrischen.» Eine der Frauen wird sich für Ihre Humorigkeit auch gewiß revanchieren wollen und Sie fragen, was die Steigerung von imposant sei. Na, was ist die Steigerung von imposant? Natürlich «im Hintern Kiesel, im Arsch Felsen». Sagen Sie, wenn jemand um einen Aschenbecher bittet, «Nimm den großen», und wenn jemandem etwas runterfällt, «Tritt sich fest». Machen Sie einfach alles, was billig, abgedroschen und naheliegend ist. Hören Sie die Sirene eines Krankenwagens, dann singen Sie: «Zu spät, zu spät.» Wenn Sie das Alter eines alten Menschen beschreiben müssen, dann sagen Sie, dieser sei zwischen achtzig und scheintot. Und wenn Sie dann so richtig kalt und leer sind, dann setzen Sie Ihrem geistigen und sittlichen Niedergang ein Sahnehäubchen auf, indem Sie einen offenen Brief an Theo Waigel schreiben. Aber nicht so einen schönen wie diesen hier.

Während des Sprungs in die Tiefe verhungern

Februar 1996

Zur Zeit habe ich einen Lieblingssatz. Man muß sich vorstellen, daß zwei Kinder, die sich nicht gern waschen, nach Baden-Baden gefahren werden. Auf der Reise sagt das eine Kind zum anderen: «Ob wir in Baden-Baden gebadet werden-werden?» So einfach können Dinge sein, die mich erfreuen. Wenn mich aber mal einer so richtig schikanös anöden will, dann geht auch das ohne Aufwand und Mühe. Er muß mir nur Babyfotos von sich zeigen.

Wer jedoch möchte, daß ich mich grusele, der hätte mich zu einer Veranstaltung zu schleppen, für die kürzlich mit Plakaten geworben wurde: *Plattdeutsch gesungene Weihnachtslieder im Dixieland-Sound.* Vor Jahren haben ein Freund und ich uns die Zeit vertrieben, indem wir uns besonders furchterregende Genres des Unterhaltungswesens ausdachten, aber darauf wären wir denn noch nicht gekommen. Unsere Höchstleistungen klangen konstruierter, wie *Kinder-Mitmach-Eistanz-Grusical.* Nie hätte ich gedacht, daß ich eine solche Veranstaltung je aufsuchen würde, aber neulich ist's passiert. Die Darbietung fand zwar nicht auf dem Eise statt, und die Zuschauer wurden auch nicht zum Mitmachen angehalten, aber es handelte sich doch um ein Grusical für Kinder. Eine Freundin, die einen der Schauspieler kennt, hatte mich mitgeschleppt. So saß ich also zusammen mit einer Erwachsenen unter fünfhundert Kindern. Mir war zuvor nie aufgefallen, daß Kinder einen besonderen Geruch haben, doch als die unbetagten Fleischmassen um mich rum saßen, fühlte ich mich rasch veranlaßt, meiner Begleiterin die Frage ins Ohr zu flüstern, ob sie meinen Eindruck teile, daß der Nachwuchs stinkt. Das habe sie auch schon bemerkt, wurde retourgeflüstert, und wir diskutierten ein wenig darüber, wie man den Geruch beschreiben könnte. Wir einigten uns auf eine Mischung aus Mandarinen und Bierschiß. Klar, die Kinder waschen sich nicht, weil sie denken, das müsse man erst mit Einbruch der Geschlechtsreife tun. Und auch sonst waren sie recht fürchterlich. Als eine schöne Maid auf der Bühne sich an den Herrscher der Finsternis ranmachte, riefen hinter mir sitzende Mädchen, was man an so einer Mißgeburt denn schön finden könne, und als der von einem schmächtigen jungen Mann gespielte Herrscher wenig später seinen Umhang abwarf und so seinen freien Oberkörper sehen ließ, schrien einige sogar: «Igitt!» Sicherlich gibt es Menschen, die sagen, das sei doch löblich, daß die lieben Kleinen ihre werte Gedankenwelt nicht hinter einer bleiernen Mauer aus Konventionen verbergen, aber ich finde, es kommt auf die Güte der Gedankenwelt an. Bei den lustigen Stellen im Stück lachten die Kinder nicht, sondern raschelten nur arrogant mit ihren Chipstüten. Nur einmal, als die Kelly Family erwähnt wurde, da brüllten sie. Sie waren bereits genauso wie die Erwachsenen. Man muß bloß die Namen bestimmter Prominenter in die Menge werfen, schon wird losgeprustet. Sie lachen, wenn jemand «Harald Juhnke» sagt, weil sie denken, ah, jetzt kommt was Lustiges, «wegen Saufen».

Ich mußte neulich lachen, als ich beim Senderdurchgucken Franziska von Almsick sah. Nicht daß ich die Dame lächerlich finde. Es war wegen des Geschenks, das ihr der Moderator vom *Aktuellen Sportstudio* überreichte. Prominente bekommen ja in Fernsehshows oft kleine Gastgeschenke, meist Blumensträuße oder häßliche Mitmach-Souvenirs zum Aufdie-Fensterbank-stellen; die Älteren werden sich auch noch des Bembels aus dem *Blauen Bock* entsinnen. Die Schwimmerin allerdings erhielt nichts von alledem, sondern eine *sechsteilige Videodokumentation über Hitler.*

Ich weiß den Grund für diese Gabe nicht und hoffe, ich werde ihn auch nie erfahren, denn dann könnte ich vielleicht nicht mehr drüber schmunzeln, und wenn jetzt eine schöne Großmutter käme und sagte, ei, ja, Schmunzeln sei Vanille für die Seele, dann würde ich sagen: «Okidoki, schöne Großmutter, prächtig sind Ihre Worte!» Prächtig sind aber auch die Worte der Eisläuferin Witt. In einer Ausfrag-Show sprach sie über ihre Kindheit und sagte: «Es war so heiß, wir wollten Kuchen essen, da sind wir in den Wald gerannt zum nächsten Bäcker.» Eine Kindheit mit Bäckern im Wald, die Kuchen gegen die Hitze backen, hätte mir auch gefallen. Diejenigen meiner Bekannten, die in der DDR aufgewachsen sind, berichten übrigens alle gern von ihren schönen Kindheiten. Ich glaube, eine Kindheit in der DDR, das war das Paradies. Weil Autorität Geborgenheit schafft. (Den letzten Satz muß man sich von einem berühmten Werbesprecher gesprochen vorstellen, dazu erklingt die Werbemusik von «Dallmayr prodomo», und man sieht Kinder, die einander Sträußchen aus Gänseblümchen schenken: WEIL AUTORITÄT GEBORGENHEIT SCHAFFT.)

Eine meiner alten Nebenfragen an das Leben ist: Was machen Prominente, insbesondere singende, eigentlich mit den enormen Mengen von Blumensträußen und Präsenten, die sie von Gastgebern und Fans überreicht bekommen? Über die Kelly Family las ich in einem gewiß viel zu böswilligen Artikel, daß sie ihre Stofftiere im Hotelzimmer liegen lassen. Da staune ich, daß sie die Teddys überhaupt mit ins Hotel nehmen. Ich würde den Mist einfach in der Garderobe vermodern lassen. Über Sophia Loren hörte ich, daß sie bei einem Berlin-Besuch während der Filmfestspiele ihren Chauffeur anwies, die Sträuße in Kneipen zu verteilen. Das ist eine Problemlösung auf hohem Damenniveau. Die Fans denken aber vermutlich, daß die Stars die Blumen mit ins Flugzeug nehmen. Daß sie dann dasitzen und sich ein gewaltiges Bündel von Blumensträußen an den Busen pressen und die ganze Zeit erregt schnurrend an ihnen schnuppern und Freude empfinden. Daß sie die Blumen daheim in der Villa liebevoll auf kostbare Vasen verteilen. Wer wohl der Star mit den meisten Vasen ist? So rein gefühlsmäßig und vom Bauch her meine ich, daß Shirley Bassey mehr Vasen besitzt als Tina Turner. Vom Kopf her ist mir das piepegal. Ich finde es übrigens ganz okay, daß man Tina-Turner-artigen Personen Blumensträuße gibt und nicht Hitler-Videos. Verständlich scheint mir auch, daß sich die Damen ein routiniertes Blumenstraußempfangslächeln antrainiert haben. Sollen sie sich etwa für jede Blume eine neue Grimasse ausdenken? Schade in diesem Zusammenhang, daß sich Anneliese Rothenberger von der Bühne zurückgezogen hat; sie war die Königin des Blumenstraußempfangslächelns. Sie hat bestimmt auch die eine oder andere scharfe Vase im Schrank, Mannomann, ich könnte es fast schwören.

Kurz gesagt, Stars mit Blumengebirgen auf dem Schoß sah ich nie in Flugzeugen. Aber manch anderes schob sich vor meine Augen. Einmal wurde ich mit einem Phänomen der Wahrnehmung konfrontiert: Ich bibbere fast bei dem Gedanken, davon berichten zu müssen, doch nun gibt es kein Zurück mehr. Es trug sich nämlich zu, daß ich einst ein Flugzeug nach Zürich erklomm, und im vorderen Teil der Maschine, also da, wo sich die Giganten an Sitte und Rang zu sammeln pflegen, da sah ich Carolin Reiber sitzen. Nun ja, so was kann vorkommen. Da muß man sich keine Achselhaare auszupfen vor Erschütterung. Aber man darf jetzt keinesfalls denken, das sei der Hammer schon gewesen. Nein, der werte Hammer kommt noch. Es ist wirklich der absolute Hyper-Klopper. Manchmal ist ja an einer Geschichte, die so pompös angekündigt wird, hinterher gar nichts dran, ich allerdings verspreche, daß das bei mir nicht der Fall sein wird. Manch ein Lesefröschchen hat heut vielleicht beim Frühstück entschieden, seinen Selbstmord auf morgen zu verschieben. Dies will ich eine erfrischende Entscheidung nennen! Allein wegen meiner samtig schimmernden Geschichte hat sich der

Damen lieben es, sich auf Damentoiletten zu tummeln. Doch die Dame ist ein Geschöpf der Freiheit. Wird sie dieser beraubt, gerinnt sie zur Frau. Die Nazis errichteten keine Damen-KZs. Auch heute wird im Frauengefängnis geschmachtet. Gäbe es trotzdem Damengefängnisse, dann wäre dies vielleicht das Fenster der Todeszelle von Christiane Hörbiger.

Aufschub gelohnt. Auch ich verschiebe «es» nämlich täglich, aber nur, weil meine erträumte Todesart unpraktikabel ist: Ich möchte gern während eines Sprungs in die Tiefe verhungern. Doch nun zu meiner crescendoartig angekündigten Pointe, vorher nur noch der Hinweis, daß Herzkranke vor dem Weiterlesen Sorge tragen sollten, daß ihr Medikament in Reichweite ist, und falls es dennoch zu einer kleinen Attacke kommen sollte: Die Notrufnummer ist 01167. Glaub ich jedenfalls! Hier nun also endlich das Irre: Als ich von Zürich zurückflog, saß schon wieder Carolin Reiber im Flugzeug.

Von einer bekannten Frau im Flugzeug zu einer unbekannten Frau in der Eisenbahn. Auch sie bot mir Gelegenheit, dem Schicksal tief in seinen bodenlosen Schlund zu blicken. Riechen tat sie nach einer dem gesellschaftlichen Aufstieg wenig dienlichen Mischung aus Erzeugnissen der kosmetischen und spirituosenerzeugenden Industrien. Ihre Fingernägel waren erstens lackiert, zweitens angeknabbert und drittens mit Trauerrändern ausgestattet. Mit großem bemaltem Mund biß sie in ein überdimensioniertes Baguette mit warmem Leberkäse. Allerlei fiel seitlich raus beim Reinbeißen. Leider war es schwierig, da nicht hinzugucken. Man liest ja manchmal, daß jeder Zug an einer Zigarette das Leben um soundso viele Sekunden verkürze, aber hier schien mir, daß jeder Biß in dieses unbravouröse Brötchen ein Leben um ein Jahrzehnt zu verkürzen imstande sein müsse. Als die Mitreisende ihr grauenhaftes Spektakel beendet hatte, stand sie auf und sprach: «Können Sie bitte mal auf meine Dose aufpassen? Da ist noch was drin. Ich meine, damit sie nicht umfällt.» Ich antwortete: «Dazu müßte ich die Dose in die Hand nehmen.» Die ungünstige Frau: «Nein, das bitte nicht. Sie sollen ja nur von Zeit zu Zeit einen Blick auf sie werfen.» Ich: «Ob ich einen Blick darauf werfe oder nicht, wenn sie umfällt, fällt sie um.» Die Frau: «Ja, soll ich die Dose etwa mitnehmen?» Ich: «Wäre das denn so schlimm? Sie können doch nicht von mir verlangen, daß ich die ganze Zeit Ihre Dose anglotze. Ich will lesen.» Da nahm die Frau ihre Dose, knallte sie den verdutzten Leuten vor uns auf den Tisch und sprach: «Ich darf ja wohl mal meine Dose hierhin stellen. Andere Leute sind ja leider nicht so nett wie Sie.»

Hiermit hab ich ein Weiberelend geschildert. Doch das Elend ist bisexuell, nachts kriecht es ins Bett der Unbetreuten, egal ob Mann, ob Frau. Ich hatte mal einen Nachbarn, der hatte an der Wohnungstür ein Sofortbild von einer Katze. Drunter stand: «Hier wohne ich. Miau.» In der Adventszeit pflegte der Mann das Treppenhaus mit Kränzen zu dekorieren, im Frühjahr und im Sommer flankierten zwei Seidenblumenbouquets seinen Türrahmen. Das ist noch kein Elend, das ist nur bemerkenswert für einen erwachsenen Mann. Dann aber kam einmal der Heizkörperableser und bat mich, ihn in die Wohnung des Nachbarn zu begleiten, weil er allein nicht in die Wohnung eines abwesenden Mieters dürfe.

Ich kam also mit und entdeckte etwas Entsetzliches, nämlich ein kleines Regal, in welchem eine lange Reihe von Bilderrahmen aufgestellt war. In den Rahmen jedoch befanden sich nicht etwa Fotos von Freunden oder Verwandten des Nachbarn, vielmehr enthielten sie jene Bilder von Fotomodellen, die beim Kauf bereits in den Rahmen enthalten sind, damit sie im Geschäft nicht so leer aussehen. Da habe ich beinahe ein wenig weinen müssen. Das Allertraurigste aber war, daß der Nachbar nicht nur hundsgemein vereinsamt zu sein schien, sondern als Dreingabe auch noch irrsinnig unsympathisch war.

Trotzdem wünsche ich ihm, daß sich eines Tages ein apartes Wesen zu ihm gesellt. Nur: Wie soll er eines kennenlernen? In der Zeitschrift ‹Punch› war einmal ein «Wie man Frauen anmacht» betitelter Witz. Er bestand aus zwei Zeichnungen. In der einen ging ein mittelmäßig aussehender Mann mit zwei Bierhumpen in den Händen grinsend auf eine am Tresen lehnende Frau zu. Unter diesem Bild stand: «Falsch.» Im benachbarten Bild, unter welchem «Richtig» stand, näherte sich der Frau am Tresen ein ebenso grinsender, aber gutaussehender Mann mit zwei Bierhumpen in den Händen. Dies ist ein Witz von knusprigster Realitätsnähe. Ich weiß allerdings noch eine dritte Anbaggermethode. Sie dürfte zwar ganz und gar falsch sein, ist aber immerhin neu: Sich vollkommen lautlos von hinten an die Frau ranschleichen, eine eiskalte Hand auf ihre Schulter legen und sagen: «Ihr Mantel müßte aber auch mal wieder in die Reinigung.»

KOLUMNEN

~~ROMANE~~

FÜR DEN

FROHEN

FEIERABEND

Knallfluchttourismus ins Magnifik-Montanös-Privat-knallfaule

«Wenn der Schriftsteller Heinrich Heine an Deutschland dachte, dann war er um den Schlaf gebracht. So ähnlich geht es Horst Breitpohl, dem Vorsitzenden des Arbeitskreises Bettwäsche.» Mit diesen Worten beginnt ein Zeitungsartikel über die Zurückhaltung der Deutschen beim Kauf von Bettwäsche, und als ich ihn las, dachte ich: «Superartikelanfang. Den stehle ich.» Was hiermit geschehen ist.

Was soll sonst noch geschehen? Ich könnte über eine Reise berichten, die mich nach Hongkong führte, doch wen wird es fesseln, daß «Nutella» dort in Senfgläsern angeboten wird? Ich meine Gläser mit Dinosauriern drauf, die man später zum Trinken benutzen kann, und wenn dem Nachwuchs das Glas dann runterfällt, sagt die Mutter: «Macht nichts, ist ja nur ein Senfglas.» Die Hongkonger Mutter hingegen sagt: «Ist ja nur ein Nutellaglas», nimmt ein Kehrblech und bückt sich zwecks Aufkehrens, wobei das Kind ihr frech auf den hochgereckten Hintern guckt.

Man sieht also, Hongkong ist nicht sehr aufregend. Es gibt tausend funkelnagelneue Hochhäuser, die sofort abgerissen und durch noch neuere ersetzt werden, sobald ihr Funkeln nachläßt, und ein geradezu als asiatisch zu bezeichnendes Gedränge, aber alles andere, was man von einer Sechsmillionenstadt erwartet, gibt es nicht zu sehen und zu erleben, Kriminalität etwa oder Prostitution. Null Anzeichen einer florierenden Drogen- oder wenigstens Kunstszene, lediglich Säcke mit getrockneten Pilzen sieht man überall und Nudelsuppe mit kilometerlangen Nudeln drin, die das peinigendste

Sodbrennen der Welt erzeugt. Wer ohne Bullrichsalz nach Hongkong reist, der dürfte schief gewickelt sein.

Hongkong ist sehr gebirgig, die doppelstöckige Straßenbahn kostet 25 Pfennig, und jeden Tag bekommt man eine neue Portionsflasche Haarconditioner aufs Hotelzimmer gestellt. Ich habe sie alle mitgenommen, und jetzt stehen sie auf meinem Toilettenspülkasten und sind mir bei der Suche nach dem Sinn des Lebens nicht behilflich. Wie gesagt: Hongkong ist gebirgig, und wie jeder weiß, mochte Winston Churchill keine Gebirge. Auf die Frage, warum er denn so irre alt sei, antwortete er: «Keine Gebirge.» Des weiteren gefragt, was er denn von Hongkong halte, sprach er: «Magnifik, doch weit zu montanös.» Soviel zur Gebirgigkeit Hongkongs und im speziellen über das Verhältnis Sir Winstons zur Montanösität.

Hongkong verfügt über 91 Filialen von McDonald's, während es Burger King keinen einzigen gibt, und das, obwohl mir alle Leute, die sich da auskennen, versichern, Burger King sei besser als McDonald's. Die Produkte von Burger King scheinen mir in der Tat nicht ganz so tamponös zu sein wie die der Mitbewerberkette. Man sagt ja, depressive Menschen ließen sich nicht nur an ihrer Vorliebe für die Farbe Lila, sondern auch an ihrem Hang zu weichen Nahrungsmitteln erkennen, aber die Hongkonger wirken insgesamt recht heiter, sie sehen sehr nett aus in ihrer teuren modischen Bekleidung, sie hören Simply Red, tun ihre Pflicht, können unerwarteterweise überhaupt kein Englisch und trinken Soft Drinks. Unauffällig und unvernörgelt erledigen sie ihre Biographie, wobei Conditioner ihren Haaren einen schimmernden Liebreiz verleiht. Gern würde der europäische Besucher fremde Passanten intensiv kämmen, aber das wäre schwierig, denn die Hongkonger gehen wunderbar zügig durch ihre Stadt, und wenn einer sagt, dies sei der Grund, warum dort immerzu die Sonne scheint, dann hat er ganz bestimmt unrecht, aber einen gewissen Charme. Es gibt einen Song von Tocotronic, in dem die Frage gestellt wird, ob die Leute auf der Straße eigentlich absichtlich so langsam gehen, um andere fertigzumachen. Als ich das Lied vernahm, überkam mich eine große Identifikation: «Ja», dachte ich, «wieviel weiter könnte ich sein im Leben, wenn all die Menschen, die jemals auf der Straße vor mir gingen, etwas flotter gewesen wären!» Hongkonger können mit dem genannten Klage- oder Fragelied jedoch nicht gemeint sein. Deutsche und Österreicher sind gemeint. Im Wissenschaftsteil einer deutschen Tageszeitung wurden vor kurzem die Ergebnisse einer Untersuchung bekanntgegeben, die zum Ziel hatte herauszufinden, wie schnell die Bewohner verschiedener Städte durch die Fußgängerzone laufen:

Hamburg: 5,33 km/h
Köln: 5,22 km/h
Berlin: 5,18 km/h
Frankfurt: 5,08 km/h
München: 5,04 km/h
Wien: 5,00 km/h

Als ich einmal bei McDonald's war, fragte gerade eine Abordnung charmanter Studentinnen der Universität Hongkong westliche Besucher aus. Sie wollten erkunden, ob die Neigung der Chinesen, bestimmte Dinge zu essen, dem Tourismus schade. Zu diesem Zweck stellten sie unwissenschaftliche Suggestivfragen wie z. B., ob ich gehört hätte, daß in einigen Restaurants der Stadt «schreckliches Essen» angeboten werde, worauf ich beinahe gesagt hätte, daß ich «your stinky noodle soups» in der Tat für schreckliches Essen hielte und die Sitte, Nudelsuppe mit Stäbchen zu essen, für eine antiquierte regionale Schrulle. Doch die Studentinnen fügten rasch hinzu, was genau sie mit «terrible food» meinten, nämlich Schlangen und Hunde. Ob ich vorhätte, aus diesen Tieren zubereitete Gerichte zu verzehren? Ich antwortete, daß ich dies wahrscheinlich nicht tun würde, aber überhaupt nichts dagegen hätte, wenn Hunde gegessen würden, da diese ja nicht gerade vom Aussterben bedroht seien. In Deutschland gebe es ungefähr doppelt so viele Autos wie 1970, aber schätzungsweise zehnmal soviel Hunde. Früher hätten eigentlich nur Hitler und die Jacob Sisters einen Hund gehabt, heute hielten sich alle, die nichts zu tun hätten, vom autonomen Zerfetzi bis zur reichen Vorortschnatze, ganze Rudel dieser indezenten Tiere, und wenn man sympathische Rinder und Schweine schlachte, dann brauche man den lästigen, weil durch ihre Übermotorik unbuddhistische Unruhe verbreitenden Hunden keine Schonung zu gönnen. Am besten freilich, man würde gar keine Tiere essen. Die Studentinnen waren unzufrieden: Sie hatten in der Schatztruhe meiner Antworten keine Perlen entdeckt.

Nun drängt sich wohl auch dem dümmsten Leser die Frage auf: Was ist eigentlich der Unterschied zwischen Hongkong und Paris? Ich weiß ihn. In Hongkong bekommt man in Lokalen sein Wechselgeld nicht auf Blumentopfuntersetzern gereicht. Ich weiß sogar noch einen Unterschied, nämlich den zwischen Horst Breitpohl und Werner Matzke. Horst Breitpohl ist Vorsitzender des Arbeitskreises Bettwäsche, und Werner Matzke ist der Sprecher des Verbandes der Deutschen Daunen- und Federindustrie. Das ist natürlich noch lange keine befriedigende Antwort auf die Frage, wie es kam, daß ich in die Stadt mit den langen Nudeln und der längsten Rolltreppe der Welt flog. Es kam so: Ein Freund erschien und sprach: «Ich will Silvester in Hongkong verbringen, und du kommst mit.» Ich entgegnete: «Na, wenn du meinst, mein Gebieter, dann ja.» Gelegentlich liebe ich es nämlich, mich willenlos fremder Bestimmung auszuliefern. Normalerweise sagt mir nie einer, was ich tun soll. Alles entscheide ich selbst, morgens, abends, in nebligem Mond. Um so mehr genieße ich es daher bisweilen, wenn mir mal jemand was befiehlt oder verbietet. Wunderbar ist es, an einer roten Fußgänger- ampel auch dann stehenzubleiben, wenn alle anderen Passan- ten es für nötig halten, wie rebellische Teenager zwischen den fahrenden Autos herumzuhecheln. Der niederländische Schriftsteller Harry Mulisch soll gesagt haben, an einer roten Ampel stehenzubleiben, das sei typisch deutsch. Als ich dies hörte, dachte ich: «Aha. Soso. Man kann also gleichzeitig Niederländer, Schriftsteller und Inhaber öder Ansichten sein. Na ja, wenn er Freude daran hat …» Es ist nämlich nicht ty- pisch deutsch, sondern typisch okidoki, an einer roten Am- pel stehenzubleiben. Auch die Hongkonger bleiben gern ste- hen! Sie gehen in geschäftigem Tempo durch die Stadt und bleiben an Ampeln stehen – das ist vorbildlich. Mir wird von oben, von einer süßen, anonymen Macht, eine Pause angebo- ten, und ich bin so entgegenkommend, dieses Angebot anzu- nehmen, indem ich friedensreich verharre. Warum soll ich unentwegt um Souveränität und Unabhängigkeit ringen? Ich bin doch kein pubertierender Zwergstaat. Der rote Mann bietet mir eine freie Minute an, und ich als freier Mann knab- bere den Zeit-Snack gern. Sich kurz und freiwillig dem Geheiß des roten Mannes zu unterwerfen erspart einem nicht zuletzt den Gang zur Domina. Ist doch viel besser, ein bißchen am Zebrastreifen zu stehen, als sich von einer geldgierigen Ziege Streifen auf den Rücken peitschen zu lassen! Deshalb bleibe ich immer schön stehen, es sei denn, es sind Kinder zugegen. Dann gehe ich auch bei Rot, damit sie schreien können: «Sie sind aber ein schlechtes Vorbild!» Das haben ihre Erzieher in sie einprogrammiert, und man muß ihnen ja Gelegenheit geben, das Erlernte abzuspulen.

Lustgewinn empfinde ich auch an Orten, wo man mir das Rauchen verbietet. Sich einem harmlosen Diktat ganz selbstverständlich zu fügen ist eine süße und runde Sache. Da denke ich: «Eine mir unbekannte Autorität verbietet mir etwas, und in mir regt sich kein Widerstand. Ich beginne zu ahnen, was Frieden sein könnte.»

Das eigenartigste Rauchverbotsschild, welches ich je sah, hängt im Café des Stadtmuseums von Offenburg. Es lautet BITTE HIER NICHT RAUCHEN, SONST ABER ÜBERALL. Komisch, daß mir in Offenburg ausdrücklich gestattet wird, in der Antarktis oder in Kathedralen zu rauchen. Schlußfolgerungen anregend sind übrigens auch Schilder, aus denen hervorgeht, daß die Verbotsautoren vom Verbieten *eigentlich* gar nichts halten. Am Schaufenster einer Café-Kneipe mit nachmittags frühstückender Kundschaft klebte neulich ein Zettel, auf dem stand: LIEBE LEUTE! HIER BITTE LEIDER KEINE FAHRRÄDER ABSTELLEN! Natürlich lassen sich die «lieben Leute» von einem dermaßen hasenfüßig formulierten Verbot gar nicht beeindrucken, und alles ist schwarz vor Fahrrädern. Wenn man meint, anderen etwas verbieten zu müssen, dann muß das mit Schmackes, mit rotwangiger Überzeugung geschehen. Wenn ich irgendwo läse: RASEN LEIDER NICHT BE-

TRETEN – dann würde ich ein Zäunchen übersteigen und mich auf dem Rasen kugeln vor Lachen über das verzagte Gemenschel.

Vieles, was heute für ein selbstverständlich in Kauf zu nehmendes Übel gehalten wird, hätte, wenn es neu wäre, nicht die geringste Chance auf gesetzliche Zulassung. Würde ich

Der Plage des Hochradfahrens in unseren Wäldern ist nicht mit tantigen und leisetreterischen Schildern zu begegnen, sondern mit beherztem Handeln.

heute die Zigarette erfinden oder die Hundehaltung – man würde meine Errungenschaften bekämpfen wie Kinderpornographie im Internet. Oder das aggressive Privatgeknalle um Silvester herum: Vielleicht würde man sich um einen Kompromiß bemühen und, wie mancherorts, ein nettes, zentrales Feuerwerk zur allgemeinen Ergötzung zünden oder irgendwo einen netten, zentralen Hund aufstellen. Manche Deutsche können es ja gar nicht fassen, wenn sie hören, daß man in anderen Ländern nicht eine geschlagene Woche lang von enthemmt böllernden Zehnjährigen drangsaliert wird, sondern daß dies im großen und ganzen eine Eigenheit Deutschlands und einiger kultureller Dependencen ist. Schon in der Schweiz gibt man sich sympathisch privatknallfaul, und auch in Hongkong spritzen die Leute einander nur spaßig gemeinte Plastikfäden aus Sprühdosen in die Haare und in die Nudelsuppe.

So war es einer der sanftmütigsten Jahreswechsel, die mir je vergönnt gewesen sind. Wir saßen, Hefeweizen trinkend, in einer überauthentischen, also die deutschen Vorbilder qualitativ übertreffenden Kneipe namens «Schnurrbart» inmitten von Chinesen, die sich an Schmalz- und Leberwurstbroten gütlich taten. Da die chinesischen Stullenfreaks nicht müde wurden, ein bestimmtes Lied von Simply Red zu drücken, spielte ich ihnen nach einiger Zeit einen frechen deutschen Streich. Ich warf ganz viele Münzen in die Music-box und programmierte sie so, daß zwölfmal hintereinander das Lied ‹Isobel› von Björk erscholl. Sonst war nichts Gescheites in der Maschine. Die Chinesen tatzelten mich dafür aber nicht, sondern fuhren vergnügt mit der Verputzung der Graubrotscheiben mit grober westfälischer Landleberwurst fort.

Eigentlich hatte ich Silvester ganz anders verbringen wollen. Vor einigen Jahren war in der Zeitung von einem Silvesterunglück in Hongkong zu lesen gewesen. In einem Vergnügungsviertel waren die Leute dicht gedrängt auf einer steilen Straße gestanden und hatten Bier getrunken. Mit der Zeit hatten sie soviel Bier auf die Straße gekleckert, daß jemand ausrutschte, dadurch andere zu Fall brachte und eine verderbnisbringende Kettenreaktion auslöste; 19 Menschen waren gestorben. In dieser actionträchtigen Straße wollte ich eigentlich zechen. Aber beim Vorbeigehen am «Schnurrbart» bekam der Begleiter, der eine Woche lang nichts lieber getan hatte, als durch Gedränge gehend mit Stäbchen Nudelsuppe zu essen, leberwurstbrotbedingte Stielaugen.

Zurück am Hamburger Flughafen, nahm ich mir ein Taxi. Der Fahrer fragte mich, wo ich gewesen sei. Ich gab brav Auskunft. Da meinte er, dann wüßte ich wohl gar nicht, daß die Alster zugefroren sei. «Doch, ich weiß», gab ich maulfaul zurück. Ich hatte immer die Welttemperaturtabelle in der ‹South China Morning Post› gelesen. «Ach so, ja», sagte der Fahrer, «in Hongkong gibt es ja auch Fernsehen», worauf ich dann aber doch meinte erwidern zu müssen, daß das Zufrieren der Alster nicht zu den Ereignissen zählte, die im Hongkonger Fernsehen übertragen werden. Darauf der Fahrer: «Wieso nicht?»

In meinem Kühlschrank hatte sich während meiner Abwesenheit aufgrund einer durch Abreisehektik verursachten Unachtsamkeit ein Schimmel gebildet, welcher ungewöhnlich pelzig, fast schon hübsch war. Da fiel mir ein, daß es heutzutage doch möglich sein müßte, den pelzigen Eigenschaften des Schimmels gentechnisch so beizukommen, daß man daraus einen Pelzmantel herstellen kann. Damen in Schimmelpilzpelzen werden bei Marks & Spencer gefrorene Orchideen kaufen. Das werd ich noch erleben, denn ich bin jung und habe Bullrichsalz und quetsch mein Gastrecht aus.

Gäste haben! Gäste zu haben ist ein Jumbo-Plaisir, doch will beachtet werden, wie die Gastlichkeit zu bewerkstelligen sei. Ich weiß nicht mehr genau, ob es Immanuel Kant oder Uwe Seeler war, der einmal bemerkte, wenn man Gäste zu sich bitte, solle deren Anzahl diejenige der Grazien, also drei, nicht unter-, und diejenige der Musen, neun, nicht überschreiten. Ich halte mich an diese Regel, denn wenn man nur zwei Personen einlädt, ist man ja insgesamt bloß zu dritt, und zu dritt ist man ja schon, wenn man zu zweit ist und der Heizkörperableser klingelt. Bittet man aber zu viele Gäste zu sich, weiß man gar nicht, wie die alle heißen. Auf jeden Fall muß man den Gästen beizeiten einbleuen, daß sie auf keinen Fall jemanden mitbringen dürfen! Sonst hat man ein oder zwei Stunden lang die Wohnung voll mit Gestalten, die man überhaupt nicht kennt und auch nicht kennenlernen wird, die dafür aber um so ungehemmter in die byzantinischen Bodenvasen aschen, und wenn dann um zwölf die Getränke alle sind, setzt ein großes Woandershin-Walking ein, und schließlich sitzt man da mit ein paar trüben Tassen, für die man später Luftmatratzen aufpusten darf. Nein, die Gäste müssen sorgsam aufeinander abgestimmt werden wie die Aromen in einem Parfum; ein einziger Mitgeschleppter kann wie ein einzelner Gallenröhrling in einem Steinpilzgericht wirken und alles verderben.

Nun ist es 20 Uhr, und die Gäste tun das, was nur Gäste können, nämlich *eintrudeln*. Hat man je davon gehört, daß Arbeiter in der Fabrik eintrudeln oder Fußballspieler auf dem Spielfeld? Sind die Deutschen anno '39 in Polen eingetrudelt? Nein, eintrudeln ist gästespezifisches Ankunftsverhalten. Zuerst nötigt man die Besucher, in rascher Abfolge zwei oder drei Manhattans oder Old Fashioneds zu trinken, damit sie nicht wie dösige Ölgötzen bräsig in der Sitzschnecke abhängen. Gästezungen wollen wachgekitzelt werden. Jetzt mag es sein, daß die Menschen von des Tages Knechtungen mattgepaukt sind und trotz der munterlaunigen Drinks nicht in Schwätzchenstimmung kommen. Für diesen Fall sollte man stets einige Gegenstände zum Zeigen haben, denn Gäste, denen man etwas zeigt, müssen wohl oder übel das Maul aufkriegen zwecks Kommentar. Da trifft es sich gut, wenn man gerade eine wertvolle Gesamtausgabe der Werke Rainer Barzels oder ein Prunkschwert aus dem Hindukusch gekauft hat. Es muß aber gar nicht unbedingt so etwas Großartiges sein, oft reicht schon eine repräsentative Blumenkohlhaube, ein Mardergerippe oder ein vom Mittelmeer mitgebrachter Badeschwamm, um die Konversation zum Moussieren zu bringen.

Nun darf man sich aber nicht pathetisch vor den Gästen aufbauen und den Schwamm angeberisch hochhalten wie Hamlet seinen Totenschädel, sondern man muß allen Anwesenden mit viel Einfühlungsvermögen das Gefühl vermitteln, daß das jetzt nicht irgendein wildfremder, anonymer Schwamm ist, der ihnen da wortgewandt präsentiert wird, sondern daß es auch, zumindest vorübergehend, «ihr» Schwamm ist. Man muß die Gäste teilhaben lassen an den durch den Schwamm ausgelösten emotionalen Updrifts. Dies erreicht man, indem man Nähe ermöglicht, Betatschungen zuläßt, den Gästen also erlaubt, den Schwamm zu betatschen. Man muß sie bitten, die Augen zu schließen und sich vorzukommen wie ein blindes, blondes Mädchen in einem Blindentastgarten, wodurch bedauerlicherweise die Frage aufgeworfen wird, ob auch

Blinde Blondinenwitze machen, und wenn ja, dann gäbe es in solchen Witzen vielleicht Blondentastgärten, in denen lauter dornige Sträucher stehen, und die blinden Blondinen schreien immer «Aua, Aua». Doch zurück zum Schwamm. Man kann ihn kreisen lassen im Gästerund, von rechts nach links, jeder darf «ihn» zwei Minuten halten, gleichzeitig kann man von links nach rechts das Mardergerippe herumgehen lassen. Da kann es passieren, daß der in der Mitte sitzende Besucher beides hat, Schwamm *und* Gerippe, und man glaube mir, es wäre ein lausiger Gastgeber, wer dies nicht zum Anlaß nähme, bleichesten Gesichtes zu verkünden, daß man in der Ukraine glaube, einer, der in der einen Hand einen Schwamm halte und in der anderen ein Mardergerippe, dessen Namenszug im Buch des Lebens werde bald verdorren. Nach einiger Zeit ist es allerdings geboten zu erwähnen, daß nichts Ernstes zu befürchten sei, daß man nur gerade ein wenig geistreich habe erscheinen wollen. Man sieht hieran, wie kinderleicht es ist, seinen Gästen Kaiserstunden der Geselligkeit zu bieten.

Nach den ersten Cocktails wird bald eine erste Stimme erdröhnen, die ankündigt, der Toilette einen Besuch abzustatten. Da ist zu hoffen, daß man das Bad gut gewichst, gewienert und poliert hat, wie überhaupt die ganze Wohnung, denn wenn man das nicht tut, ist ja kein Platz für den neuen Schmutz, den einem die Gäste in die Bude schleppen mit ihren verdammten Drecklatschen. Gerade jüngere Menschen, die darauf erpicht sind, sich eine gut besonnte gesellschaftliche Position zu erstreiten, sollten wissen, daß die Reputation im Badezimmer mitgebacken wird. Man mache sich doch nichts vor: Fast jeder, der in einer fremden Wohnung aufs Klo geht, macht das Badezimmerschränkchen auf und guckt, was da drin ist. Und wenn da zig Medikamente gegen Depressionen, Inkontinenz, Pilzbefall und Impotenz drin sind, dann nimmt der Gast seine Menschenbewertungsskala und schiebt den Gastgeber nach unten. Deswegen: Solche Sachen immer schön verstecken. Die Menschen sind dünkelhaft und gieren danach, Schulnoten zu verteilen. Zeitschriften und Talkshows haben die halbe Menschheit in dumpfe kleine Hobbypsychologen verwandelt. Legt einer seinen Zeigefinger zwischen die Lippen, dann wird allen Ernstes geglaubt, das bedeute irgendwas. Und wenn jemand im Bad eine sogenannte Badezimmergarnitur hat, lautet das Urteil der Jury «proll». Eine hundertprozentige Fehldeutung liegt hier indes nicht vor: Eine Klodeckelbespannung aus altrosa oder türkisem Frottee mit passender Badezimmermatte und Klofußumpuschelung läßt weder humanistische Bildung noch Adel erahnen. Doch muß man differenzieren: Die vor der Wanne liegende Matte mindert das Risiko feuchtfüßigen Ausgleitens, des leidigen «Pardauz, Tatü-Tata, Friedhof». Aber warum müssen Toiletten umpuschelt werden?

Ich muß jetzt leider etwas Hartes äußern. Ich habe in meinem Leben so manche resttröpfchengetränkte Toilettenumpuschelung sehen müssen, und immer hieß mich der Takt zu schweigen. Doch nun muß das Harte aus mir raus, und ich sage: Resttröpfchengetränkte Klofußumpuschelungen sind nicht sehr hübsch. Obendrein sind, wenn man sie spitzen Fingers umdreht, immer Haare darunter und erinnern an der Maden Vielzahl, die einem ins Auge springt, wenn man auf einem Spaziergang mit einem Stock einen toten Vogel umdreht. Ich habe nichts gegen Haare an sich. Wenn sie gut sitzen, bilden sie nützliche natürliche Mützen, die uns vor vorwitzigen Blicken und Blitzen schützen. Man kann auch gut in ihnen wuscheln, falls einem das erlaubt wird von dem, wo die Haare drauf wachsen. Aber jene Sorte Haare, wie man sie unter Umpuschelungen antrifft, wird sich kaum einer gern in den Frühlingsquark rühren. Nicht auszuschließen ist, daß es Lesefröschchen gibt, die eine syphige Umpuschelung ihr eigen nennen und jetzt aufgrund meiner rauhbeinigen Worte bittere Tränen vergießen, Tränen, die bitterer sind als die bitteren Tränen der Petra von Kant in dem Faßbinder-Film ‹Die bitteren Tränen der Petra von Kant›. Diese Perspektive knickt mich. Zum Trost sag ich den Fröschchen: Stellen Sie sich doch mal vor, jetzt kommt der Mensch, den Sie am meisten liebhaben, in Ihr Zimmer und sieht Sie weinen. Natürlich möchte er Ihnen die Tränen fortwischen, aber er findet kein Taschentuch und nähert sich Ihren blaugeweinten Wangen mit Ihrer Kloumpuschelung. Da würden Sie doch auch zurückweichen, gell?

Die Gäste sind nun abgezischt. Das ganze Wohnzimmer voll mit benutzten Einwegspritzen, Kondomen, geplatzten Gummipuppen, blutigen Peitschen, kotbeschmierten Dildos und zertretenen Mardergerippen! Ich übertreibe natürlich ein wenig. In Wirklichkeit ist der Salon nur leicht krümelübersät. Doch Grund genug zu sagen: «Nie wieder Gäste! Das nächste Mal treffe ich mich lieber wieder wie dereinst mit meinen alten Existenzkomplizen, nennen wir sie mal spaßeshalber Bruno, Ewald und Hugo, am schrammigen Holztisch im Wirtshaus zum knallgrünen Huhn.»

«Hallo Hugo, hallo Ewald, hallo Bruno!» tönt es daher bald durch die Gasse. Doch da ist ja noch wer. Ächz, ein Persönchen. «Das ist Claudia», sagt Ewald im Ton verkrampfter Lockerheit, und ein kurzer Blick von ihm erzählt die ganze fade Story. Daß sie den ganzen Tag rumgenölt habe wegen heute abend, daß er dann gesagt habe: «Komm doch einfach mit!», worauf sie erwiderte: «Ihr wollt ja nur wieder Bier saufen!», daß sie dann mit ihrer Schwester telefoniert, daraufhin geweint, dann Bauchweh bekommen und sich in letzter Minute doch entschieden habe, mitzukommen.

«Vier Hefeweizen und eine kleine Sprite!»

«Wieviel trinkt ihr denn davon, wenn ihr euch trefft?» fragt die Mitgebrachte. «Och, so vier oder fünf können das schon werden», wird geantwortet. «Fünfmal 5 Mark 50, das sind ja 27 Mark 50 für jeden. Also, ich muß von elfhundert Mark im Monat leben bei 680 Mark kalt, ihr ja offenbar nicht», bemerkt die Stimmungskanone, worauf sie ihren von einem widerwärtigen roten Samtding zusammengehaltenen Pferdeschwanz öffnet und das widerwärtige rote Samtding mitten auf den Tisch legt. Ihre weiteren Gesprächsbeiträge lauten: «Kannst du deinen Rauch nicht mal in eine andere Richtung blasen?» und «Was bist du eigentlich für ein Sternzeichen?» Irgendwann fängt sie an zu heulen, weil der Hund ihrer Schwester vorige Woche gestorben ist, und um halb elf stellt sie fest, daß es schon halb elf sei und Ewald ganz furchtbar müde aussehe, worauf sie sich denselben krallt und zum Abschied in scherzhaft ironischem Ton meint, sie hoffe, uns nicht den Abend verdorben zu haben. «Aber nein», sagen wir und meinen das auch sehr ironisch.

Bruno sagt: «Die tollsten Frauen laufen auf der Straße herum, aber die besten Freunde, die man hat, geraten immer an solche mißgünstigen Ranzteile.» Hugo weiß noch mehr: «Unseren Ewald sehen wir so bald nicht wieder. Der wird für Jahre in der Ranzschnecke verschwinden. Besuchen ist auch nicht drin. Sie würde es ihm selbstverständlich erlauben, aber wenn wir dann mal kämen, würde sie mit einer Wolldecke auf dem

Sofa liegen und die Bürde unserer Anwesenheit als qualvoll lächelnde Märtyrerin geduldig ertragen. Sollte unser Gespräch trotz allem mal ein bißchen in Fahrt kommen, dann würde es bald unter der Wolldecke hervortönen: ‹Ewald, ich hab so kalte Hände. Kannst du sie mir nicht ein bißchen warmrubbeln?› oder ‹Ich will euch nicht hetzen, aber kannst du mir sagen, wie lange ihr ungefähr noch braucht? Nur ganz ungefähr.› Und dann dieser übertriebene Fruchtgestank überall von diesen Produkten aus dem Body Shop.» Ich weiß zu ergänzen: «Sie wird ihn zuschleimen mit Elton-John-Songs und Astrologie, wird ihn einspinnen in einen Kokon aus esoterischem Wirrwarr und hausfraulichem Quatsch, wird die ganze Bude vollstellen mit Schälchen, in denen kleine Perlen sind und verstaubte Blumenblätter und die widerwärtigen Samtdinger für den Pferdeschwanz, und bald wird er auch einen Pferdeschwanz haben, zusammengehalten von der männlichen Variante, einem widerwärtigen Frotteeding.»

Aus Sorge um den armen Ewald trinken Hugo, Bruno und ich noch ganz viel, machen sogar noch ein Woandershin-Walking. Bruno meint dann in dem Absturzladen, die Menschen werden von ihrem Vornamen geprägt, es gebe z. B. regelrechte Manfred- oder Christoph-Typen. In Frankreich sei sogar ein Buch zu diesem Thema auf dem Markt. Tatsache sei, daß mindestens 50 Prozent aller blöden Freundinnen von netten Freunden Claudia heißen, das sei ein richtiger Migränetantenname. Bei blöden Lebenspartnern von netten Freundinnen sei die Bandbreite viel größer, die heißen Jens, Clemens, Oliver, Torsten und Tobias. Nur Ewald, Hugo und so weiter heißen die nie, denn die sind nett, und es folgt ein endloses Gebrabbel, welches meine Meinung bestätigt, daß dem Phänomen des trunkenen Woandershin-Walking prinzipiell kritisch gegenüberzustehen ist und daß das meiste, was nach zwei Uhr am Morgen passiert und gesprochen wird, ohne Reu vergessen werden kann.

Veränderungen des Neigungswinkels von Hutablagen sind keine Hausmädchenarbeit   Mai 1996, überarbeitet 2003

Rei in der Tube! Diese traditionsreiche Waschpaste darf auf keinen Fall vergessen, dessen Weg in die Fremde führt. Denn einerseits will man sich nicht mit tonnenweise Dessous durch Wüsten und Tropen schleppen, andererseits möchte man doch reinlich und apart wirken unter Palmen und Hibiscus. Man möchte ad majoram gloriam Germanorum auf dem Kamel sitzen. Das ist lateinisch und bedeutet, daß man sich auf Kamelen Platz nimmt, um den Ruhm des deutschen Volkes fortzuspinnen. Man will ein perfekter Botschafter des deutschen Vaterlandes sein, und das kann nur jemand, der weiß, daß Rei für Reinlichkeit auf Reisen steht. Die Einheimischen möchten recht bitteschön sagen: «Das da – das da ist Exportexperte Josef Thalbach nebst gepflegter Gattin, Magda. Magda! In ihrer knappen Freizeit schwärmt die international gefeierte Waldhornistin für Albert Schweitzer. Wie absolut bewundernswert diese baumwollglatten, kerzengeraden Menschen sind. In weißer Sportbekleidung gehen sie durch unser schmutziges Land. Sportlich, doch korrekt.» Ungefähr solches also sollen diese unverfälschten Menschen von woanders, die immer einen wunderbaren Rest von Kindlichkeit im Ranzen ihres Herzens gut verwahren, vom Besucher hoch zu Ross und hoch von Wesen denken.

Bevor man ihnen allerdings Gelegenheit gibt, dergleichen zu tun, müssen einige Dinge durchkalkuliert werden. Die grundsätzliche Frage: Soll man in Begleitung oder allein verreisen? Die Tage lassen sich allein ohne Zweifel besser bewältigen. Begleitungen sind wie Lügen, sie haben kurze Beine und rufen immer: «Renn doch nicht so!» In Museen brauchen sie ewig. Sie gucken sich sogar die Steinzeitpötte an, für die leider in jedem Regionalmuseum ein Zimmer verschwendet wird. Vor den ebenfalls ubiquitären verrußten alten Bürgermeisterporträts, die man nun wirklich endlich wegschmeißen könnte, bleiben sie stehen und sagen: «Guck mal, der sieht aus wie Volker Rühe.»

Doch die Abende! Abends ist alleine nicht gut munkeln in einer unbekannten Gegend. Melancholie kommt angaloppiert. Mit einem Souvenirsombrero sitzt man in einer vollkommen leeren Bar, weil man sich in die mit Lachen und Musik erfüllten Lokale nicht reingetraut hat so einzeln, und wenn jetzt nicht jemand da ist, der einem sagt: ‹Trink doch nicht so viel, Lars-Udo!›, dann ist man tagsüber nicht empfänglich für die kulturellen Juwelen der Region. Selbst der buckelige, hinkende, einäugige, schlecht bezahlte Kellner hat Mitleid mit der stattlichen Erscheinung aus der respektablen Industrienation, und er denkt: «So reich und doch so arm!», was ja wohl nicht auszuhalten ist.

Begleitung ist somit anzuempfehlen. Wer launisch ist und dazu neigt, seine Reisegefährten anzugrölen, der sollte die Tage getrennt von ihnen verbringen und sich abends was erzählen. Auf die ewig pikante Frage, ob auch Damen zur Begleitung geeignet sind, möchte ich keine Antworten von Gesetzeskraft geben, denn das soll bitteschön jeder selber wissen. Es kommt hier auf persönliche Neigung und Unterwerfungsbereitschaft an, da will ich niemandem dreinreden. Eines muß aber in die Diskussion geworfen werden: Damen haben oft sehr viel Damengerümpel dabei. Und wenn eine Dame sagt: «Ächz, von dem Riemen meiner Reisetasche habe ich schon eine richtig fiese Hornhaut auf der Schulter!», dann sagt sie das nicht, um den Herrn durch das süße Rinnsal ihrer Stimme zu erfreuen, sondern verbindet damit finstere Strategien. Doch lasse man sich nicht versklaven. Man schenke der Dame lieber eine Hornhautraspel.

Übrigens sind auch Herren, was ihre Qualifikation als Reisebegleiter angeht, nicht gerade Knüller.

Am besten, man reist mit einer geschlechtsneutralen elektronischen Gouvernante. Womit wir wohl bei dem Thema sind, das den Menschen heute am meisten unter den Nägeln brennen dürfte: *Wo bekommt man eigentlich noch gutes Personal?* Ich hatte in dieser Hinsicht nur Pech. Malwine hat mich beschummelt. Ich mußte mich von ihr trennen. Selma hat mich behumst. In ihr Zeugnis schrieb ich: «Selma ist unreinlich und hat mich behumst.» Mit dem Eintrag kann die sehen, wo sie noch unterkommt. Dann erschien Grete, eine derbe Niederländerin mit Rasta-Frisur. «Rasta-Frisuren mag ich bei meinen Hausdienerinnen aber nicht so gern», sprach ich und sagte dem Mädchen, es möchte sich bitte von Iwan, meinem faulen Gärtner, eine Heckenschere reichen lassen. Das Mädchen schmollte zwar etwas, fügte sich aber schließlich in sein Schicksal. Am Abend dann habe ich ihr eine Tafel Schokolade geschenkt. Gute «Sprengel»-Schokolade! Ich weiß leider nicht mehr, ob es Vollmilch-Krokant oder Vollmilch-Nuss war; wenn ich mich erinnerte, würde ich es sagen, aber ich bin eine ehrliche Haut und gebe offen zu, daß ich es nicht mehr weiß.

Umso lebhafter gegenwärtig ist mir das glückliche Licht innerlichsten Dankes in den Schweinsäuglein der grobholzigen Schwester Frau Antjes. Wohl wegen dieser hochwertigen Tafel Schokolade entwickelte sich Grete, die in ihrem Heimatland wenig mehr getan haben dürfte, als, behascht und von einem Rudel junger Hunde mit roten Halstüchern umsprungen, Disko-Fox zu tanzen, zu einer fleißigen Arbeiterin. Fast jeden Monat legte ich ihr deshalb einen wunderbar schimmernden Groschen unter ihr Kopfkissen, direkt aus der Prägeanstalt, also «polierte Platte», wie die Münzsammler sagen. An Auseinandersetzungen gab es nur ganz kleine. Eines Tages z. B. hörte ich aus der Küche seltsame Brumm- und Schleckgeräusche, und wie ich hineinging, entdeckte ich Grete, die in einem Bärenkostüm auf einem Stuhl stand und den Honigtopf auslöffelte, den ich extra auf den hohen Küchenschrank gestellt hatte, damit das Personal nicht in Versuchung kommt. Ich sah das Mädchen böse an und rief «DIRNE!» Grete entgegnete: Okay, ein seine Kompetenzen überschreitendes Schleckermaul sei sie schon, aber doch keine DIRNE. Ich erwiderte: Nein, eine DIRNE sei sie natürlich «nicht wirklich», und erklärte weiter, daß ich immer gerne in moralischen Zeiten oder Gegenden spielende Filme gesehen hätte, in denen unbotmäßig liebende Frauen mit der Engstirnigkeit ihrer Umgebung in Konflikt gerieten, worauf ihnen dann von hartherzigen Nachbarinnen oder so mit voller Wucht das Wort DIRNE ins Gesicht gezischelt wurde, und einmal im Leben wolle ich das halt auch mal machen, und man könne ja nicht mit allem im Leben warten, bis sich eine passende Gelegenheit ergebe, liebe Grete, nimm es mir nicht krumm. Grete lächelte und sagte: Bei ihr liege die Sache ganz ähnlich. Sie habe sich immer so gern die Kindercomics angesehen, in denen der Bärenvater den Honigtopf vor seinen Kindern versteckte, die sich natürlich in nächtlichen Kletteraktionen trotzdem über dessen Inhalt hergemacht hätten, und sie habe diese Situation daher unbedingt einmal selbst durchleben wollen. Sie habe sich sogar ein wenig gefreut, als ich reingekommen sei und sie mit DIRNE! tituliert habe, noch mehr hätt es ihr freilich gefallen, wenn ich ihr mit der gleichen Leidenschaft das Wort HONIGDIEBIN entgegengeschleudert hätte. Wir lachten und gingen in unsere Betten.

Dann aber folgte die schlimme Geschichte mit der Hutablage. Schon seit Jahren war ich, um es pietätvoll auszudrücken, «not amused» über den wenig eleganten Neigungswinkel meiner Hutablage. Ich sehe ein, daß eine Hutablage ein wenig nach oben weisen muß, damit nicht bei jeder klitzekleinen seismischen Irritation die Mützen durch die Räume segeln. Aber so sehr rumpeln wie in der Eisenbahn, wo die Gepäckablagen berechtigterweise sehr extreme Neigungen haben, tut es doch in einer mitteleuropäischen Wohnung selten. Ich klingelte nach der durch mich dem Fleiß zugeführten Holländerin: Sie möchte doch, bitteschön, die Hutablage abschrauben und «irgendwie anders» wieder anschrauben. Da rief sie «Neigungswinkelveränderungen von Hutablagen sind keine Hausmädchenarbeit» und drohte mit der Gewerkschaft.

«Eine Gewerkschaftliche hat in meinem Haus keine Zukunft!» rief ich zurück und schrieb Grete mit rabenschwarzer Tinte ein todesurteilähnliches Entlassungszeugnis. Nun sitze ich alt, verbittert und allein in meiner Villa, habe eine unzulängliche Hutablage und niemanden zum Schikanieren. Schön ist das nicht, und daher dürfte es auch niemanden wundern, daß ich mich an dieser Stelle ganz schnell, unter Nutzung von Tricks, die nur in der sympathischen Mogelwelt der Dichtung möglich sind, in jemanden zurückverwandele, der noch nicht ganz so alt ist und nicht ganz so verbittert, der keine Villa bewohnt, noch nicht mal eine Hutablage besitzt, in jemanden also, der die Zeit für gekommen hält, die eingangs vorgenommene Erörterung des Für und Wider von Reisebegleitungen zu einem leider etwas körperbetonten, aber schlüssigem Ende zu führen.

Es geht dabei um die Frage der Körperentleerung bei gleichzeitig notwendigem Gepäcktransport. Bilden wir uns spa-

Einmal wurde im Fernsehen Top-Models die top-öde Frage gestellt, was sie auf eine einsame Insel mitnehmen würden. Fast alle wollten intelligent erscheinen und sagten: «Ein Buch.» Die beste Antwort gab Naomi Campbell. Sie sagte: «Trinkwasser.» Claudia Schiffer sagte: «Einen Bikini.» Die hier abgebildeten Herrschaften hätten gesagt: «Zwei nostalgische Lämpchen zum an die Palme schrauben.»

ßeshalber ein, wir befänden uns in einer indischen Snackbar mit Klo. Wir müßten Zeit rumkriegen, denn der Bus zur nächsten Destination führe erst später, und hätten all unser Gelumpe dabei, dicke Säcke mit gottseidank oder auch bedauerlicherweise beweglichen Gütern sowie zwanzig Gardinenstangen. Daheim hatte man uns eingeschärft: «Bring uns bitte, bitte Gardinenstangen mit! Die sind in Indien wahnsin-nig billig.» Nun sind wir also in der Snackbar und umgeben von Menschen, denen man natürlich nichts unterstellen will, aber na ja … Zwar könnte man die Düsternis ihrer Mienen als tiefsitzende Nachdenklichkeit deuten, aber hm … Und dann verspürt einer von uns einen Drang zur Toilette, und auf diese Weise tritt endlich ein Hauptvorteil des zweisamen Reisens zutage: Zieht sich der eine unbeschwert zurück, kann der andere im Gastraum sitzen bleiben und das Hab und Gut im Auge behalten. Wenn man hingegen allein unterwegs ist, muß man die monströse Baggage mitsamt der Gardinenstangen mit zur Toilette nehmen, was weder apart ist noch den Ruhm des Vaterlandes mehrt, und dann muß man, während man über einem morgenländischen Loch hockt, auch noch die Gardinenstangen festhalten, damit sie einem nicht von einem wendigen Kletterer aus der Nachbarkabine gestohlen werden, weil Gardinenstangen ja ganz schön lang sein und daher, für den Entleerungsnachbarn sichtbar, oben aus der Kabine herausragen können, und was macht Gelegenheit? Diebe macht Gelegenheit!

Besser also ist es, man hat jemanden, der aufs Gepäck aufpaßt. Schon allein deswegen sollte man Reisegefährten mindestens so gut behandeln wie Personal. Zur Not kann man ihnen auch einen Groschen unters Kopfkissen legen.

PS: Jemand, der in Indien gewesen war, berichtete mir, in Bombay habe er drei Tage lang das Hotelzimmer nicht verlassen, weil ihm die Leute auf der Straße so unumgänglich vorgekommen wären. Er erwähnte auch, schon Hübscheres als indische Toiletten gesehen zu haben.

Wer mit Reiseerinnerungen dieser Güte zurückkehrt, dem sei erneut empfohlen, die Finger von der Ferne zu lassen. Auch die Heimat lockt mit Auserlesenheiten. Man muß, um derlei nachzuprüfen, nicht von Fronleichnam bis zur Pflaumenkuchenzeit auf Spiekeroog abhängen. Die Zeiten des vierwöchigen Monumentalurlaubes sind sowieso vorbei. Wie wär's mit einem Wettbewerb im Freundeskreis zum Thema «Kleinstes Mittelgebirge Deutschlands»? Manch ein Niedersachse hat wohl schon ein Wochenende im Solling oder im Ith verbracht. Das sind wirklich sehr kleine Mittelgebirge! Sächsisch-anhaltinische Kartographen protzen jedoch mit einem noch kleineren Mittelgebirge, dem Huy, der nordwestlich von Halberstadt liegt. Ein Blick in den Autoatlas offenbart sogar, daß östlich von Halberstadt ein noch weniger umfängliches Mittelgebirge haust, der Hakel. Wer glaubhaft dokumentieren kann, daß er schon einmal in einem Mittelgebirge Aufenthalt genommen hat, welches noch kleiner ist als Huy und Hakel – es darf allerdings nicht aus Badeschaum bestehen –, dem wird gewiß nicht verboten werden, schon gar nicht von meinem Hause, sich Briefpapier mit dem Werbeaufdruck «Ferienbotschafter des kleinsten Mittelgebirges in Deutschland» zu drucken. Oder aber man läßt die Mittelgebirglein links liegen und vergnügt sich auf typographisch spektakulären Peninsuln. An der Ostseeküste gibt es die coole Halbinsel mit dem schmucken «ß» in der Mitte und den Bindestrichen, Fischland-Darß-Zingst. Wer nicht in der Lage ist, Halbinseln mit zwei Bindestrichen allein wegen der Bindestriche zu lieben, leidet unter verkümmerter Reizbarkeit. Halbinseln mit mehr als zwei Bindestrichen kennt man nicht. Völlig unbekannt war bislang auch folgender Spruch aus ostdeutschen Raumfahrtkreisen:

Schaffen wir's nicht zum Mars
Schaffen wir's zum Darß

Alle sagen dauernd was. Der kommerzielle Wettermann Ka-
chelmann sagte: «Für morgen steht uns ein gewaltiger himm-
lischer blow job ins Haus.» Edvard Munch sagte: «Ich male
nicht, was ich sehe. Ich male, was ich sah.» Albert Schweitzer
sagte: «Ich bin Leben, das leben will, inmitten von Leben, das
leben will.» Ich sage: «Zu viele Fröschchen. Es müssen welche vergrault werden. Stinko und Sabrina sollen verduften.»
Daher will ich diesmal nur schreiben, wie herrlich die neue
CD von den Cocteau Twins ist, denn das nervt Stinko und
Sabrina. Doofe Nüsse können es schier nicht ertragen, wenn
man etwas Wichtiges und Richtiges in die Welt setzt. Daher:
Die Cocteau Twins sind jetzt so gut wie die Beach Boys zwischen 1966 und 1973, der frisch gepflückte Frühling und
T. Rex auf einmal! Knautschsamtzylinder ab vor dieser opu-
lenten Leistung. Seit der Jugendstilzeit ist nichts Vornehme-
res mehr in die Kunst geraten, womit ich die Verdienste derer,
die zwecks Leuteerschrecken einfache Linien zogen, gewiß
nicht schmälern möchte. Sie haben auch ihren Platz im Son-
nenbett der Retrospektive. Doch nun muß wieder verhalten
geprunkt werden. Herrlich: Keine Verabredung haben, keiner ruft an, die Post bleibt im Kasten, und den ganzen Tag in
Unterhose durch die Wohnung latschen und Cocteau Twins
hören. Dies will ich nobles Existieren nennen. Ich trage übrigens berühmte blaue Unterhosen aus der Schweiz. Wer jetzt
anruft, wird angebrüllt, ganz gleich, wer es ist. Auf dem Teppich liegen, Ludwig Tieck schmökern und Brote mit *Snofrisk*
essen – das ist ein relativ neuer dreieckiger Ziegenkäse aus
Norwegen. Auf dem Deckel ist eine norwegische Ziege abge-

bildet, die einen lausbübisch anguckt. Es ist mitunter leicht, ein schönes Leben, sprich eine noble Existenz zu führen.

Die vorletzte Platte der Cocteau Twins heißt *Four-Calendar Café*. Da grüßt ein Dreimäderlhaus, und in einem Café mit vier Kalendern tüchtig hinzulangen, wenn das Tablett mit dem Bienenstich vorbeischwebt, ist eine menschlich verständliche ernährungspolitische Maßnahme. Ich nehme an, das mit den vier Kalendern ist so gemeint, daß es pro Jahreszeit einen Kalender gibt. Ich habe es schon immer als vulgären Pragmatismus, als einen Akt bürokratischen Unterschiedsverachtungswahnsinns empfunden, alle vier Jahreszeiten in einem Kalender unterzubringen. Winter und Sommer sind schließlich wie Hund und Katze, wie Bioladen und Reformhaus. Man sperrt ja auch nicht eine Biene, einen Seestern, eine Balalaika und einen Maulwurf in einen Käfig. Das wäre ethisch nämlich durchaus anfechtbar.

Die neue Platte der Cocteau Twins heißt *Milch und Küsse* und gehorcht einzig der Pflicht zur Erzeugung von Pracht. Pracht möchte Resultat allen würdigen Schaffens sein. Die Prachtpflicht ist neben der Residenzpflicht und der Arroganzpflicht eine unserer besten Pflichten. Leider lese ich davon nichts in unseren Leitmedien. Auf der Titelseite der ‹Frankfurter Allgemeinen Zeitung› steht kein Wort von Milch und Küssen, statt dessen steht da «Die Schweriner Koalition wieder tiefer in der Krise». Wen soll das fuchsen, ja jucken oder kujonieren? Wem soll da was anschwellen, was soll da zerplatzen? So etwas gehört nicht auf eine Titelseite. Mag durchaus sein, daß mecklenburgisch-vorpommerschen Regierungskrisen ein eigenes feines Sinnesleben innewohnt, aber mit den Cocteau Twins wird dieses Sinnesleben kaum mithalten können. Langweilige Dinge werden ja vom Straßenvolk oft als «Schlafmittel» bezeichnet, obgleich vom Schafe-Numerieren wohl noch nie einer eingeschlafen ist. Ausnahme: Wenn man sich eine Regierungskrise in Mecklenburg-Vorpommern vorstellt, wird man tatsächlich bald müde und kann selig von Milch und Küssen träumen.

Für den Milchkenner ist es herrlich, ein Glas frischer Milch aus dem Bioladen zu trinken, doch das geht nur, wenn nicht Nichtmilchkenner dem Milchkenner die Milch vor der Nase wegschnappen!

Ich wohne in einem Stadtteil Hamburgs, in dem es keine Sorgen gibt, außer vielleicht, daß zu viele Fahrräder den Eingangsbereich der Wohnanlage verschandeln. Die Bewohner stimmen ab, ob eine Verschandlung vorliegt, und wenn ja, dann wird ein apartes zwölfeckiges *Fahrradhäuschen* auf den Bürgersteig gesetzt. Dies ist die reichste Stadt Europas, und das merkt man. In meinem Stadtteil wohnen fast nur Lehrer und Journalisten, von ‹Spiegel›, ‹Geo›, ‹Brigitte›, namentlich auch von der ‹Zeit›. Diese Zeitschrift hat 105 Redakteure und Tausende und aber Tausende anderer Mitarbeiter. Da das Blatt eine ungeheure Auflage hat, kann es sich die vielen Leute leisten, obwohl natürlich drei oder vier Redakteure auch reichen würden. Ein Volontär kriegt 6000 Mark, oder so. Sie nehmen jeden, der eine Altbauwohnung mit über 120 Quadratmetern, Parkettfußboden und Doppelflügeltüren vorweisen kann. Mit 48 werden die durchaus sympathischen Zeitschriftenmenschen zum ersten Mal Vater, sie schnappen sich ihr Kind, zusätzlich Rucksack und Fahrrad und rasen zum Edel-Bio-Türken sonnabends um Viertel vor eins. Den Bio-Edel-Türken begrüßen sie allen Ernstes mit «Grüß dich, Mehmet». Sie würden nie zu einem deutschen Gemüsehändler «Grüß dich, Hans-Dieter» sagen, das wäre eine Anbiederung, aber «Grüß dich, Mehmet» ist ein Signal gegen den Haß! Dann schreiten sie zum Kühlregal und greifen nach der letzten Flasche mit guter Milch. In diesem Augenblick trete ich in den Laden, erster Blick ins verwaiste Kühlregal, zweiter Blick auf die Flasche in der Hand des späten Vaters. Was will der mit meiner guten, pasteurisierten, aber nicht homogenisierten Milch aus dem atombedrohten Wendland? Für ihn wäre doch auch das fettige Wasser gut genug, welches Supermärkte als Milch anbieten. Es ist ja nicht zu fassen, was für ein Getue die Leute wegen Wein veranstalten – aber welche Plempe sie sich als Milch andrehen lassen! Einen feinen, kühlenden Fettfilm am Gaumen – den gibt es nur bei nicht homogenisierter Milch. Solche Milch zu trinken ist smart, fürstlich, galaktisch, honett, groovy, prachtvoll und nobel. Herrlich, wenn die Adjektive an einem vorbeirattern wie eine mit verliebt machenden Drogen vollgepumpte Eisenbahn.

Der Medienmann kauft die gute Milch indes gar nicht, weil sie gut ist. Das ahnt er allenfalls, doch er weiß es nicht, denn vom Grappatrinken sind seine Geschmacksknospen in einem Zustand wie Dresden 1945. Er kauft die Milch, weil es standesgemäße Flaschenmilch ist. Er soll sie mir geben und sich im Supermarkt «Landliebe» kaufen. Die ist auch in der Flasche. Aber im Supermarkt kann er natürlich nicht «Grüß dich, Mehmet» sagen.

Mehmet findet sie lustig, die Männer mit den langen, grauen Haaren, den Kleinkindern und den Rucksäcken, die sich zehn Minuten anstellen, um ein paar Äpfel zu bezahlen. Der Rucksack wird abgenommen, es werden zwei Laschen aufgepfriemelt, dann wird eine lederne Schleife geöffnet, die Äpfel kommen in den Sack, eine neue Schleife wird gebunden, die beiden Laschen werden wieder zugepfriemelt, dann geht's wieder auf den Rücken mit dem Sack, und das alles mit Luftpumpe in der Hand und Kleinkind zwischen den Beinen. In der Zeit, die die Rucksackaktion gedauert hat, hätten andere Leute 25 reiche Witwen erdrosselt. Mehmet weiß natürlich nicht, wie diese komischen, ungeschickten Leute heißen, die «Grüß dich, Mehmet» zu ihm sagen, aber er mag sie, denn sie zahlen jeden Preis.

Flasche Apfelsaft 6 DM? Kein Problem! Demnächst wird Mehmet eine gläserne Vitrine aufstellen, worin mundgeblasene Künstlerflacons mit 25 Jahre altem Essig stehen. 79 Mark 90 wird er pro Flasche haben wollen, und er wird nicht lang auf das Geld warten müssen, denn die Lehrer und Journalisten scheinen einander alle zu kennen und sich gegenseitig übers Parkett zu knarren, und gutwillige Menschen schenken einander ja ständig irgendwas Wunderbares. In dieser friedensreichen Subkultur, wo Autos und Schmuck nicht viel zählen, ist alter Essig halt *das* Statussymbol. «Balsamico, Balsamico» hallt es durch die Räumlichkeiten der Persönlichkeiten. Sie fliegen, glaube ich, auch zu Essigproben-Wochenendseminaren. Eigentlich sind diese Leute wirklich nett, und solange sie mich nicht in ihre Weinkenner- und Theatergespräche einbeziehen, gibt es nichts zu kritisieren. Den sympathischen Mehmet machen sie zum schwerreichen Mann. Schön ist's in dieser Gegend. Nie hört man einen Schuß oder einen knackenden Knochen. Man ohrfeigt einander nicht mal.

Überhaupt ist festzustellen, daß die große, damenhafte Ohrfeige allmählich ausstirbt. Die Damen machen heute nicht mehr «Patsch», wenn man ihnen Unübliches sagt, sondern «Pscht». Chemische Ohrfeige. Ich habe lange überlegt, wann die letzte vielbeachtete, öffentliche Ohrfeige verabreicht worden ist. Mir ist nur eingefallen, daß eine Dame namens Beate Klarsfeld mal Bundeskanzler Kiesinger geohrfeigt hat, und das war damals in den sechziger Jahren, zu Anbeginn der Ära des Vor-den-Richtertisch-Scheißens, schon eine seltene Form öffentlichen Protestes. Vor wenigen Wochen hätte man den vierzigsten Jahrestag der berühmtesten österreichischen Ohrfeige des 20. Jahrhunderts feiern können, doch die Champagnerkelche blieben im Hängeschränkchen, die Lampions in der Lampiontruhe. Die Öffentlichkeit hat das Jubiläum verpennt. Ich habe keine persönlichen Erinnerungen an die kühne Tat, denn ich war damals noch tot. Am 13. 4. 1956 ohrfeigte die Burgschauspielerin Käthe Dorsch den Starkritiker Hans Weigel. Die sechsundsechzigjährige Mimin lauerte an jenem Morgen dem Kritiker an der Ecke Volksgartenstraße/Museumsstraße in Wien auf, der dort täglich auf dem Wege zu seinem Stammtisch ins Café Museum war. Als sie seiner ansichtig wurde, gab sie ihm zwei schallende Ohrfeigen und beschimpfte ihn als «Dreckskerl» und «Dreckfink». Dann hatte die zornige Künstlerin ihren großen Abgang. Diese Ohrfeige wurde in der ganzen deutschsprachigen Welt jahrelang diskutiert. Agnes Windeck, die Schauspiellehrerin von Hans-Joachim Kulenkampff und spätere Mutter von Inge Meysel in den «Unverbesserlichen», sagte damals in einem Kabarettprogramm zu Tatjana Sais, der Frau von Günter Neumann, Chef des Berliner Nachkriegskabaretts «Die Insulaner»: «Für mich ist die Dorsch die Frau mit dem goldenen Arm.»

Was war Ursache für den Gram der Edelmimin? Hans Weigel hatte in seiner Kritik der Aufführung von Christopher Frys «Das Dunkel ist Licht genug» folgende «Ungeheuerlichkeit» vorgebracht: «Alles, was gestaltet, erlebt sein sollte, blieb Ansatz, Andeutung – wie Stars auf Verständigungsproben sind, oder bei der dreihundertsten Vorstellung.»

Was die Dorschschen Watschen so erinnerungswürdig macht, ist ihre Uncoolness. Wie gern wäre ich dabeigewesen. Hat sie mit einem Regenschirm gefuchtelt? Hat sich ihre Stimme überschlagen? Heute wird Künstlern allerorten empfohlen, ja nicht auf Kritiken zu reagieren, sich bloß nicht gemein zu machen mit den Dreckfinken. Heimlich beauftragen sie daher Exkrementfrierdienste, den Kritikern gefrorene Exkremente in den Briefkasten zu stecken. Lächerlich und würdelos. Schade um die schöne Ohrfeigenkultur. Die Ohrfeige ist ohne große Vorbereitungen zu realisieren, sie schadet nicht langfristig und stinkt nicht. Sie ist ein fetziges und effektvolles Signal von vertretbarem Pathos und reichlicher Pracht, und Pracht möchte Resultat allen würdigen Schaffens sein. Man könnte sie auch einen negativ geladenen Blumenstrauß nennen. Aber heute reicht es manchem auch nicht, jemand anderem mit einer Blume seine Sympathie zu veranschaulichen. Es müssen Heißluftballons durch die Stadt schweben, auf denen «Ich liebe dich, Rita» steht.

Es kam übrigens zu einem Prozeß gegen die Dorsch, in dessen Verlauf auch Raoul Aslan als Zeuge einvernommen wurde, der mit ausladenden Gebärden «die Todesstrafe für Hans Weigel» beantragte. Die Dorsch wurde zu einer Strafe von 500 Schilling verurteilt und mußte die Gerichtskosten tragen. Es gab also auch früher schon kleinliches Prozeßhanseltum. Daß es damals auch schon Menschen mit häßlichem Humor gab, sieht man daran, daß Hans Weigel nach dem Tode der Schauspielerin von anonymer Seite eine Dose Dorschleber geschickt bekam.

Gott schütze die Leiche von Käthe Dorsch! Aber natürlich

nur in seiner Freizeit, denn hauptberuflich soll er doch wohl weiter Bioladen-Betreiber aller Nationen, mich und, vorausgesetzt, daß es unbedingt sein muß, den überwiegenden Teil der sonst noch lebenden Menschen beschützen.

Gott schütze keinesfalls: Friedhelm W. Hoppe.

Diese Zigarettenpromotionstrupps immer. Mit den Rosen-
verkäufern muß man ja gewohnheitsmäßig ein bißchen Mitleid haben, aber die Leute von den Zigarettenbrigaden
strahlen, obwohl man sie in lächerliche Uniformen gesteckt
hat, so viel unberechtigtes Selbstbewußtsein und fanatische
Survivalgelüste aus, daß Mitleid bei mir nicht drin ist. Sie
tun so, als ob es die angesagteste und coolste Sache der Welt
sei, nachts Kneipengäste mit Quizfragen und Rubbelspiel-
chen aus ihren Erörterungen zu reißen. Nie sieht es so aus,
als ob ihnen das peinlich ist. Aber sie werden ja sicher von
irgendeiner durchtriebenen Gebietsleitersau «psycholo-
gisch geschult», und wer greinend kollabiert, muß seine Uni-
form abgeben. Wer in die Augen eines Rosenmannes schaut,
sieht chancenlose Menschen im dreckigen Ganges baden.
Schaut man aber in die Augen eines Zigarettenpromoteaman-
gehörigen, sieht man Chancen und Perspektiven dicht an
dicht. Da seh ich die tollsten Karrieren bei ‹Amica› und
PRO 7. Mir sind die Trupps aber recht willkommen, denn
wenn man es geschickt anstellt, kann man, insbesondere
wenn man mit befreundeten Nichtrauchern an einem Tisch
sitzt, später mit einer ganzen Reisetasche voll Zigaretten-
schachteln heimgehen. Nach einigen Wochen kriegt man oft
noch etwas geschickt. Von Chesterfield bekam ich mal ein
T-Shirt, auf dem stand: «Ich bin manchmal so glücklich, daß
ich schreien könnte», oder so ähnlich. Das tat ich in einen
Spendensack; jemand in einem Krisengebiet läuft jetzt damit rum.
Bei Prince Denmark Medium mußte man unlängst raten,

wo Norden ist, die Promoter waren mit Kompassen ausgestattet, und wer einigermaßen richtig lag, durfte an einer Verlosung teilnehmen. Man konnte eine Walschutzstation oder die Teilnahme an einem Walschutzpromoteam aus gutgelaunten Leuten aus ganz Europa gewinnen. Nach kurzer Zeit erreichte mich ein Brief mit einer Schachtel Zigaretten und einem Schreiben, daß das toll sei, wie ich mich für die Umwelt engagiere, ich möchte bitte so weitermachen, aber leider …

Ich bin jedenfalls heilfroh, daß ich nicht mit gutgelaunten jungen Leuten aus ganz Europa Wale schützen muß! Das Bemerkenswerte an dem Brief war, daß im Umschlag ungefähr ein Dutzend weißer Federn war. Ganz normale weiße Bettfedern. Brr, ist das *créativ & poètisch*! Da kaufen die Reklamesuperhirne billige alte Betten von Verstorbenen auf und schicken die Federn an zu Naturschützern hochgelobhudelte Kneipenhocker mit Himmelsrichtungsahnungen. Viel wertloses Gebrumme, Gewedel und Gemache ist in der Welt.

Auch wertloses Gepiepse. Ich war in einem Saturn-Plattengeschäft gewesen, doch ich hatte nichts gefunden, denn bei Saturn gibt's ja nie irgendwas. Plattenkaufen ist theoretisch leider ein Vollzeitjob. Erst mal ist es äußerst kompliziert, überhaupt zu erfahren, was es interessantes Neues gibt. Man muß ausländische Magazine lesen und einen ganzen Stab gut hörender, wohlgebildeter Informanten unterhalten. Kritiken kann man gerade im Bereich der U-Musik nicht trauen, denn es wird geglaubt, Popmusik sei volkstümliche Alltagskultur, und daher könne jeder darüber schreiben. Verfaßt werden die Kritiken daher von irgendwelchen durchschnittlichen Überallrumhängern und wichtigtuerischen Umsonstreinkommern. Von solchen, die sich für privilegiert halten, weil sie bei lokalen Rockgruppen im Backstagebereich rumlümmeln dürfen und über tolle Kenntnisse der Lebensumstände von Bardamen und Türstehern verfügen. Doch selbst wenn man es verstanden hat, seine private Informantenschar über die Jahre mit Einladungen und kleinen Geschenken bei Laune zu halten, die empfohlenen Platten dann auch käuflich zu erwerben ist ein zweiter Zeitverschlinger. Bei Saturn jedenfalls gab es nichts. Nicht mit Tonträgern beladen, passierte ich die Kasse. Doch da piepste die Piepsschranke. An Reaktionen von Piepsschranken persönlich grundsätzlich desinteressiert, setzte ich meinen Weg fort. Doch da hörte ich die Kassiererin brüllen, und ein Abteilungsleiter kam auch flugs angesurft.

Ich möchte bitte noch mal durch die Schranke gehen. Ich ging. Pieps. Ich möchte bitte mal ohne meinen Beutel durch die Schranke gehen. Pieps. Ich möchte bitte ohne Jacke durch die Schranke gehen. Nicht pieps. Ich möchte bitte mal meine Jacke durch die Schranke schwenken. «Jacke durch die Schranke schwenken, Jacke durch die Schranke schwenken», grummelte ich und schwenkte die Jacke. Pieps. Ich möchte bitte mal die Taschen ausleeren und die Jacke noch mal durch die Schranke schwenken. Nicht pieps. «Jetzt soll ich bestimmt mein Notizbuch, meine Kulis und meine gebrauchten Rotzfahnen durch die Schranke schwenken», dachte ich und lag richtig. Schwenk schwenk, nicht pieps. Insgesamt hat es fast eine Viertelstunde gedauert, bis der Auslöser des kriminalisierenden Geräusches entdeckt war: Das Preisschild einer zuvor bei Drospa gekauften Fruchtgummitüte. *Wer bei Saturn nicht piepsen will, darf also vorher bei Drospa kein Naschwerk kaufen.* «Na, dann können Sie jetzt gehen», sagte der Abteilungsleiter. Kein Wort der Entschuldigung.

Daß man in Deutschland als Kunde oder als Gast in Lokalen häufig wie ein Bittsteller und Eindringling behandelt wird, ist eigentlich ein Medienevergreen im Sommerloch. Immer wieder erscheinen Stories in Illustrierten darüber und ziehen Fluten zustimmender Leserbriefe nach sich. Auch ich hielt schon beherzt meinen bewährten mahnenden Finger in die deutsche Luft. Den nutzlosen Klagen hinzuzufügen ist, daß man um so muffliger behandelt wird, je «alternativer» oder «szeniger» der Laden ist. Ich war kürzlich in einem *Head Shop*, also einem jener Geschäfte, wo man alles kriegt, was man zum Haschen braucht, mit Ausnahme des einzigen, was man zum Haschen braucht. Ich war zehn Minuten in dem Laden, guckte hier, schaute da. Der Inhaber hat die ganze Zeit, Füße auf dem Tisch, telefoniert und mich nicht angeschaut. Da bin ich halt wieder von dannen geschwänzelt. Zum-sich-an-die-Rübe-fassen klingt, was mir ein Bioladenmitarbeiter vor zehn Jahren entgegenhielt, als ich ihn bat, mir zu erklären, wie eine Keimbox funktioniert. Er sprach: «Ich arbeite hier nur. Ich kenn mich mit diesem Müslischeiß nicht so aus.» Am barschesten wird man jedoch in Szenekneipen jener Sorte abgekanzelt, in denen sich das Bedienungspersonal in erster Linie dazu bestimmt zu sehen scheint, gemeinsam mit seiner Clique am Tresen abzuhängen. Wenn man es als durstiger Gast wagen sollte, das muntere Geplauder mit einem Getränkewunsch zu unterbrechen, dann wird geplärrt: «Jajaja. Moment. Ich komm ja gleich» und noch ein paar Minuten weitergetratscht. Man kann froh sein, daß man beim Flaschenrüberschieben keines Blickes gewürdigt wird, denn der Blick, den man von solchen Leuten kriegt, würde ja eh nur sagen: «Zisch ab, du unberühmte Sau in falscher Kleidung.» Ich weiß, daß es Paarungen von Lebensumständen und persönlicher Disposition gibt, die einen in die Arroganz hineinnötigen. Zu einer Freizeitgesellschaft, die sich ganz offensichtlich nur um die Bedürfnisse von Autofahrern, Hunden, Hundebesitzern und aggressiven Befürwortern von Schönwettermißbrauch herumorganisiert, kann ein dezenter Lebensteilnehmer nur ein distanziertes Verhältnis haben. Aber arrogant sein, nur weil man die Musiker irgendwelcher Schrammelgruppen persönlich kennt oder so was?

Ein Freund riet mir mal scherzeshalber, ich solle mir in solchen Lokalen doch ein Schild um den Hals hängen, auf dem steht: «Ich bin schon seit 15 Jahren berühmt.» Da blickte ich ihm ernst in die lustigen Augen. Es geht ja nicht um persönliche Empfindlichkeit. Ich möchte so behandelt werden wie alle anderen Leute, allerdings unter der Voraussetzung, daß alle anderen Leute besser behandelt werden als jetzt.

Ich war mal in einem englischen Pub, in dessen Herrentoilette es nicht gut roch. Ein Gast beklagte sich darüber beim DJ. Dieser unterbrach die Musik und sagte durchs Mikrophon: «Ladies and gentlemen. I'm really sorry for the smell in the men's room.» Heiterkeit entstand unter den Gästen, weil er versehentlich auch die Damen mit in die Entschuldigung einbezogen hatte. Die Heiterkeit gefiel dem DJ, und er machte sich einen Spaß daraus, sich nach jedem Song mit immer neuen und ausschweifigeren Formulierungen für den Geruch in der Herrentoilette zu entschuldigen, für den er gewiß nicht allein verantwortlich war. Bombenstimmung! Ganz anderes ereignete sich neulich in einem Hamburger Szeneclub. Dort stolperte ein Gast über das Podest, auf dem der Tisch mit den Plattenspielern stand, die Nadel hüpfte. Die DJane stellte die Musik ab und sagte ins Mikro: «Gutes Benehmen ist leider eine Sache, die nicht allen in die Schuhe gelegt wurde.» Nichts gegen das Rügen von mutwilligen Störungen und das muskulöse Forttransportieren von deren Erzeugern. Aber ein Mißgeschick so bleiern tadeln? Man stelle sich bloß mal vor, jemand würde sich bei so einer über den Geruch des Männerklos beklagen. Keine zehn schwulen Friseure würden es in puncto genervtes Augenrollen mit ihr aufnehmen können. Sollten Prominentenzahnärzte, Zeitschriftenjournalisten, Prominentenfriseure und Mitarbeiter von Fernsehsendern unerwarteter-

Die Unratberge, die die Fans nach einem Open-Air-Konzert von z. B. Justus Frantz hinterlassen, sind Umweltschützern ein Dorn im Auge.

weise einmal genug davon haben, die Führungsposition ein-
zunehmen, was das Auseinanderklaffen von wirklicher Be-
deutung und Selbstbewußtsein angeht, sind DiscJockeys
und Bedienungen von Szenecafés sicher gern bereit, einzu-
springen.

Manchmal wundern sich Menschen, wenn ich mich mit ihnen
in Ratskellern und Irish Pubs verabrede. Daß ich das senile
Geplärre von Sting und Bryan Adams einfach so wegstecken
kann. Es entschuldigt sich zwar keine Toilettenfrau via Mikrophon für den akustischen Gestank im Gastraum, aber ich
darf eine Jacke tragen, die ich halt gekauft habe, damit ich
nicht friere, ich werde nicht angebrüllt, wenn ich ein Getränk
möchte, und ich muß kein Schild um den Hals tragen, auf
dem steht ICH BIN AUCH JEMAND. Ich bin nämlich sowieso
irgend jemand.

Ich bin jemand, und ich kenne die seltensten und duftesten
Leute. Wer außer mir kennt schon einen Sohn einer Benimm-
buchautorin? Die hat mir ihr Benimmbuch sogar mal geschickt, es waren Tischordnungen drin, und man erfuhr, wo
der Kardinal sitzen muß, falls man mal einen solchen zu sich
zu bitten die Grille hat. Einen Kardinal kenne ich noch nicht,
aber nicht minder wild dürfte sein, daß ich jemanden kenne,
der in seiner Zivildienstzeit Chauffeur des Bischofs von Kas-
sel war. Mit so einer quietschbunten Figur durch die Gegend
zu fahren ist sicher auch nicht jedermanns Traum vom
Zuckerschlecken. Ich genieße es zwar gelegentlich ein bißchen, mit auffälligen Frauen oder anderen Erscheinungen
durch die Anlagen zu flanieren und den Blicken der anderen
zu entnehmen, daß sie denken: «Wie kommt dieser unschein-
bare Mensch denn bloß an so ein glitzerndes Flittchen?» Da
denke ich immer: «Hihi, wenn ihr wüßtet, wen ich sonst

noch alles kenne.» Ich kenne Jingle-Komponisten und Jongleure, eine Wachsfigurmodelleurin und den Lufthansa-Chef von Leipzig, was ja irgendwie alles noch gerade mal so geht. Ich kenne aber auch zwei Leute, deren Mütter ermordet worden sind. Ich kenne sonst niemanden, der einen kennt, dessen Mutter ermordet wurde, und ich kenne gleich zwei auf einmal. Das soll mir erst mal einer nachmachen! Wie gesagt, ich kenne Menschen mit beeindruckenden Schicksalen und bomfatzinösen Lebensaufgaben. Aber ein Bischof wäre mir vielleicht doch ein wenig zu auffällig. Wenn man mit dem mal durchs Paulahölzchen spaziert, dann ersterben ja alle Gespräche, und man hört nur noch das Quietschen der Stiefel des Geistlichen.

In der Lindenmähne sitzen und breite Bauernschnitten rösten

«Aus dem Fenster gucken ist genau wie Fanta trinken oder warm duschen: ganz schön unmännlich», dachte ich nebulös vor mich hin, als ich mich dabei entdeckte, wie ich seit zehn Minuten aus dem Fenster guckte. Am ehesten wird man noch alten Frauen zugestehen, aus dem Fenster zu blicken. Und ich bin mir sicher, das Bundesland, in dem es noch am ehesten angesagt ist, dieser Form von Muße nachzugehen, ist Baden-Württemberg. Woher ich das so genau weiß, weiß ich nicht. Es dürfte sich hier wohl um menschliches Urwissen handeln, das bei den meisten Menschen verschüttet ist, und welches man wiedererlangt, wenn man nachts nackend durch den Wald rennt. Baden-Württemberg muß man sich so vorstellen: Nach Brot riechende Straßen. Irgendwo spielt ein Trompeter «Istanbul not Constantinople». Grüppchen von Hundefutterreklame-Wuschelkreaturen trotten liebenswert durch die Gassen. Aus jedem Fenster blickt eine gute Hutzelantin mit kartoffelverdreckten Händen, die Arme auf ein Sofakissen gelagert. Im Hintergrund ringt ein Kanarienvogel oder sonst ein Zwitschikus mit dem Tode, will meinen: den Tönen. Dem wandernden Besucher aus dem Norden wird entgegengerufen: «Wülste een Stullele fresse, Scheißerle von Nordelideutschle?» Oder so was Ähnliches halt. Ich habe kein Talent für Dialekte. Übrigens war ich schon oft in Baden-Württemberg, und ich muß sagen, es ist dort überhaupt nicht so, wie ich es eben schilderte. Selbst in diesem Land sind die Zwitschikus-Hutzelantinnen fensterscheu geworden. Wie kommt's? Vom Fernsehen kommt's. Es wird ja dauernd behauptet, das Fernsehen sei schuld am Niedergang der Lichtspielhäuser. Dies ist absolute Rattenkacke.

Nur im Falle akuten Geldmangels ist das Fernsehen eine Alternative zum Kino. Die Kinos sind voll. Ich war während des Endspiels der Fußball-Europameisterschaft im Kino, und selbst an diesem Abend war es, entgegen aller in den Medien genüßlich verbreiteten Klischees von der völligen Gleichschaltung des deutschen Volkes, *voll*. Lauter nette junge Leute beiderlei Geschlechts, die sich an einer leichten französischen Liebeskomödie weideten. Das ist freilich ein Vorteil der Großstadt. Dort gibt es immer mehrere. Wenn man sich in Siegen oder Reutlingen, oder was der öden, üblen und wenig shmooven Orte mehr sind, nicht für das umdröhnte Bolzen interessiert, wird man nolens volens hurtig an Einsamkeit sterben müssen.

Ein Nachteil am Großstadtleben sind die viel zu vielen Medien. Man kann kaum noch den Jungfernstieg oder die Tauentzienstraße entlanggehen, ohne daß man von irgendeinem Kamerateam nebst mikrohaltender Infotainmentmuschi mit blöden Fragen belästigt wird. Als die französische Romanze vorbei war, standen vor dem Kino Medienschlampen und fragten die ins Freie strömenden Edelindividualitäten, warum sie nicht Fußball gucken! Als ob es etwas anderes als beinahe eine Selbstverständlichkeit sein könnte, sich nicht verpflichtet zu fühlen. Es gab übrigens am Abend des Spiels Deutschland gegen Tschechien eine *ganze* Menge ausverkaufter Kulturveranstaltungen. Daß die Medien allesamt den Mythos des leeren Theaters breittraten, liegt wohl an dem mir nicht verständlichen Wunsch, daß es gefälligst etwas zu geben habe, was «uns alle», ohne Renegaten und Ausscherer, freut und eint. Dabei gibt es schon reichlich, was uns alle eint.

Wir haben unsere Sprache, unser Geld und unsere berühmte schlechte Laune. Diese tolle unterschwellige Aggressivität, die es jetzt selbst in den USA zu Titelblattehren gebracht hat. Super!

Dem Kino hat das Fernsehen nicht geschadet. Durch das Fernsehen ins Abseits geraten ist vielmehr das Aus-dem-Fenster-Schauen. Noch während meiner Kindheit lagen in allen Fenstern Bommelkissenomas. Heute denken die Menschen, im Fernseher käme Interessanteres als im Fenster. Kommt aber auf das Fenster an. Wenn ich aus demjenigen meines einen Zimmers schaue, sehe ich links in den Wipfel einer verherrlichenswerten Linde. Im Geäst der Linde verschlungen ist ein todschicker lila Plastikgürtel. Er hängt dort bereits, seit ich hier wohne. Fürwahr, fürwahr, hier im Norden wirkt manch ein muskulöser und expressiver Wind. «Waterkantgeblase, Waterkantgepuste», sagen die Menschen und halten ihre Gerichtsvorladungen fest. Doch fand sich noch kein Wind, der die Power aufbrachte, genannten Gürtel der griffstarken Mähne des Baumes zu entreißen. Gerne betrachte ich den Gürtel. Ist er wohl in Brodelminuten geschlechtlichen Verschmelzens von einem Passionierten oder einer Japsenden dorthin geschleudert worden? Vielleicht hingen einst auch weitere Fetische in der Lindenmähne, Lackschuhe, Diaphragmen, Diademe. Oder waren grimmigere Gefühle im Spiel? Ich erinnere mich, daß ich einmal ein Problem mit einem Gast hatte, der partout nicht von mir scheiden wollte. Er war erst bereit, meine Wohnung zu verlassen, nachdem ich seinen Schlüsselbund und sein Portemonnaie aus dem Fenster geworfen hatte. Könnte es dann also sein, daß der Gürtel ein nachlässig beiseite geschafftes Würgewerkzeug ist? Leider stört mich bei meinen Betrachtungen eine Bürgerin, die im gegenüberliegenden Dachgeschoß wohnt und es liebt, nackend durch ihre Bude zu spazieren. Da sie keine Gardinen hat, kann ich das natürlich sehen, obwohl ich keinen Wert darauf lege. Die Bürgerin ist aber eitel und bildet sich ein, ich würde ihretwegen aus dem Fenster schauen. Neulich zeigte sie mir den Stinkefinger! Und das mir! Sterben soll das arg vermaledeite Weib!

(Bei der Geburt eines Mädchens sagten arme oder schlechte Menschen früher: «Die braucht nichts lernen. Die kann ja heiraten.» Heute sagen die Leute: «Die braucht nichts zu lernen. Die kann ja als Infotainmentmuschi gehen.»)

(«Ich will, daß ihr bald sterbt», gilt in Kinderkreisen als verbaler Top-Knüller, wenn es um das Fertigmachen der Eltern geht.

Aus Mitbürgergesprächen weiß ich dies. Es trifft die Eltern sehr, sie schlagen sich die Hände vors Gesicht, ziehen sich ins Schlafzimmer zurück, hören die Uhr gespenstisch ticken, das Holz «arbeiten» und das Blut in den Adern gluckern. Sie können dem Kind nicht mehr in die Augen sehen. Das Balg lacht sich derweil ins Fäustchen. Deswegen, Eltern, eine rohe Empfehlung. Man muß den Kindern antworten: «Stirb du doch!» Ein neuer Sound erobert die Erziehung.)

Wenn ich keine Lust habe, mich von dem arg vermaledeiten Weibsnackedei gestisch entwürdigen zu lassen und daher aus dem Fenster des anderen Zimmers schaue, laufe ich Gefahr, Schulkinder beim Kacken betrachten zu müssen. Da steht nämlich ein dicker Steinkasten, ein Gebilde, in welchem wohl irgendwelche technischen Viktualien von der Stadt drin sind, oder Aktenordner. So ein Kasten halt, der ab und an Besuch erhält von einem Mann mit Mütze und dickem Schlüsselbund, der in dem Kasten herumschraubt, was abliest, reintut oder rausholt und dann mit einem komischen Auto zum nächsten Kasten fährt. Der gemeine Bürger nutzt die Kästen zum Dagegentreten oder zum Dosendraufstellen. Die Leute sagen pauschal «Trafokästen» zu den Gebilden, aber so viel zu transformieren gibt's gar nicht, daß das alles Trafokästen sein können. Der Kasten, den ich von meinem Fenster aus sehen kann, liegt in einer Nische, welche auf die Schüler aus den vielen hier in der Nähe gelegenen Schulen und die den neben dem Kasten befindlichen Spielplatz nutzenden Kinder und Eltern offenbar einen ausreichend diskreten Eindruck macht, um sich im Schatten des Kastens zu entleeren. Sie wissen nicht, daß gegenüber des Kastens in luftiger Höhe einer wohnt, der einen Blick hat wie ein Bartgeier von seinem Horst und der, wenn er nicht wirklich Besseres zu tun hätte, mit widerlichen Videos viel Geld verdienen könnte. Vielleicht ist das aus dem Fenster gucken auch deshalb so aus der Mode gekommen, weil man immerzu Leute bei viel zu privaten Verrichtungen sieht. Oder man muß gar Unfaßliches gewärtigen. In der Zeitung stand, daß Bürger um 17 Uhr 20 von ihrem Fenster aus beobachteten, wie zwei Kinder mit einem Feuerzeug weiße Blütenpollen anzündeten! Der brennende Pollenhaufen, so das Blatt, wehte unter einen parkenden PKW und brachte, so das Blatt weiter, den unteren Motorbereich zum Brennen. Die Kinder liefen, so das Blatt schließlich, weg.

Der korrekte Ausdruck für das, was in der Zeitung als Pollenhaufen bezeichnet wurde, ist, zumindest im Volksmund, «das verdammte Zeug von den Bäumen». Gemeint sind die Flusen, die jedes Jahr im Juni in, wie mir scheint, beständig zunehmender Anzahl durch die Gemeinden wehen. Im Rinnstein bilden sich interessante daunenartige Zusammenwehungen und laden die Menschen augenzwinkernd zu einem spontanen Sekundenschlaf ein. Neulich wurden Passanten fürs Privatradio interviewt, was sie denn von den Flusen halten würden. Die Flusen waren unbeliebt. Auch über deren Herkunft wußte man schlecht Bescheid, sie kämen «von außerhalb», «von Pusteblumen», wurde gemunkelt. Anschließend wurde ein Experte befragt, und der meinte, die Flusen würden von Pappeln und Akazien kommen, was ich bezweifle. In meiner Gegend finden sich nicht viele Bäume dieser Gattungen, dennoch ist die Flusenwuselei enorm. Andererseits soll der Lößboden z. B. in der Magdeburger Börde vor zigtausenden von Jahren aus der Sahara herbeiverfrachtet worden sein. Vielleicht haben die Flusen auch schon eine hunderttausend Jahre lange Reise hinter sich und ruhen sich bei uns nur ein bißchen aus? Wie auch immer, man sollte die Flusen respektieren. Es gibt weniger charmante Arten der Natur, uns hallo zu sagen, Schlaganfall z. B.

Hübsch jedoch wieder die Kastanien. Jeden Herbst lese ich einige besonders schöne auf und lege sie auf mein Fensterbrett, wo sie einige Wochen liegenbleiben. Schön ist es auch, wenn man morgens nicht mehr schlafen kann und hört, wie die Kastanien auf die Dächer der parkenden Autos klackern. Früher wohnte ich in einer Straße, die von alten Roßkastanien mit prächtigen Afros dicht gesäumt war. Da klackerte viel! Es wohnten aber in der Straße zahlreiche Menschen, die von den Wonnen des Postmaterialismus noch nichts gehört hatten. Die veranstalteten eine Unterschriftenaktion, die das Fällen der blechbeschädigenden Bäume zum Ziel hatte. Erstaunlicherweise hatte man im Bezirksamt aber schon von den Wonnen des Postmaterialismus gehört, und dem miesen Begehren wurde nicht stattgegeben.

Auch der wonnigste Postmaterialist braucht indes Material, er muß essen und irgendwo draufsitzen, d. h. einkaufen. Zum Thema Einkaufen ist zweierlei zu bemerken: Seit einigen Jahren muß man ja immer eine Mark in den Einkaufswagen stecken. Bemerkenswert ist, daß es die Leute nicht so sehr zu stören scheint, sich vor dem Einkauf von der «Gesamtheit der ineinandergeschobenen Einkaufswagen» (Wie nennt man das? Wagenwulst?) einen abzukoppeln. Lästig ist ihnen vielmehr, den Wagen nach dem Bezahlen wieder an die anderen anzuschließen. Betritt man einen Markt, kommen aus allen Richtungen Leute an, denen man eine Mark geben soll in direktem Austausch für ihren Wagen. Es scheint vielen ein angenehmer Kommunikationsbrosame zu sein, aus der Hand eines Fremden eine Mark zu bekommen. Die *ganz, ganz kleinen Freuden* der Singles.

Das zweite, was ich zum Thema Einkaufen bemerkte, ist das allmähliche Aussterben des Einkaufszettels. In meiner Kindheit war es eine Selbstverständlichkeit, vor dem Einkauf einen anzufertigen. Heute sieht man nur noch ein paar ältere Frauen mit Zettel. Dabei kaufen ältere Frauen doch ohnehin meist nur Salz, Schnittbrot, Fensterleder und Dosenpfirsiche. Das kann man sich doch merken. Gibt es irgendwo eine Kulturgeschichte des Einkaufszettels? Ein diesbezügliches Museum? Diesem würde ich gerne folgenden wertvollen Zettel als großzügige Schenkung überreichen:

- Tisch- Gong
- Paniermehl
- Reflexhammer
HUHU!
- Plissée- Bügeleisen
- Alles von Slade
- Toaster

Mein alter Toaster krankt an gleich zweien der führenden Brotröstermacken: Mangelnde Röstschlitzbreite und launische Auswurfbombastik. Ich brauche einen Toaster, mit dem man *auch breite Bauernschnitten* rösten kann. Nur großzügige Röstschlitzbreite hilft auf Dauer sicherzustellen, daß entwürdigendes Durchschneidenmüssen breiter Bauernschnitten unter den Tisch fällt. Und wer immer wieder zu kriechender Röstgutsuche gezwungen wird, weil sein Toaster sich in der Rolle des Tischvulkans gefällt, wird sich über eine dämpfbare Auswurfbombastik freuen, und besser ist's, es freuen sich alle mit, denn Freude sei des noblen Trachtens allerfeinster Bürger Sinn.

Anette von Aretin, Hans Sachs, Guido Baumann sowie alternierend Marianne Koch und Anneliese Fleyenschmidt (Erinnerungssport) September 1996

Während ich neulich einmal geistigen Austausch pflegte, hatte ich mit einem widerborstigen bayerischen Knödel zu kämpfen, und so kam das Gespräch auf die Stadt München und auf die beiden Sorten Mensch, aus denen sich laut Auskünften von Klischeeliebhabern die Münchner Bevölkerung zusammensetzt, nämlich a) den sogenannten Zuagroasten und b) den Nackerten (im Englischen Garten). Die c) Schwarzen Sheriffs sind ja leider wieder abgeschafft worden. Komische Stadt, die ihre drittberühmteste Bevölkerungsgruppe einfach abschafft. Als ob man in Berlin die Taxifahrer oder die Schwulen abschaffen täte. Anfang der achtziger Jahre ist ja auch entweder Désirée Nosbusch oder Nastassja Kinski von den Schwarzen Sheriffs beim Schwarzfahren erwischt und anschließend gefoltert worden oder getötet oder irgend so was. Welche von den beiden, wußte keiner in der Runde, in welcher ich mit dem Knödel mich plagte. Irgendeine leicht flippige lüsternlippige Jungprominenz war es gewesen, um mich mal eines fast ausgestorbenen Slangs zu befleißen. Herrlich, diese prickelnde Wiederbegegnung mit dem Wort «flippig». Es ist so, als ob plötzlich eine verschwundene Limonade vor einem steht, z. B. eine Flasche «Lift». Dies war eine Limonade des Coca-Cola-Konzerns, die in der zweiten Hälfte der achtziger Jahre eingestellt wurde oder wie auch immer das genannt wird, was man mit Limonaden tut, wenn man sie den Weg alles Fleischlichen gehen lassen möchte.

Auch berühmt an München war früher die Ficki-Micki-Szene.

Über diese hat es mal eine herrliche Fernsehserie gegeben, in welcher Erni Singerl beim Auspacken eines Videorecorders an einem Herzschlag starb. So etwas wird heutzutage leider nicht mehr gedreht. Die Ficki-Micki-Szene war supershmoov. Andernorts hat man sich furchtbar über das «Bussi Bussi» aufgeregt. München wurde dafür in manchen Gutdünklerkreisen richtig gehaßt. Münchengehasse war topshmoov in Berlin und Hamburg. Es ist kaum mehr als zehn Jahre her, daß ich mich selbst daran beteiligte! Lächerlich. Heute kann ich überall leben, wo es Hutablagen, Rückenbürsten und Thermoskannen gibt. Mich überfallen übrigens beim Verfassen dieser kellerliterarischen Sequenzen Zweifel daran, ob es wirklich Ficki-Micki-Szene geheißen hat oder nur so ähnlich. Jetzt weiß ich's wieder: Es hieß Ficki-Mecki-Szene. Mecki war der Redaktionsigel der Zeitschrift ‹Hörzu›, und alle, die was auf sich hielten im – jetzt kommt gleich ein ganz toll abgestandenes München-Synonym – *Millionendorf*, wollten mit diesem Redaktionsigel ficki. Sinn und Zweck von Redaktionsigeln, no doubt. Als ich ein Bub war, war ich mal auf einem Müllplatz und habe zufällig durch Niederschlagseinwirkung unleserlich gewordene Privatkorrespondenz des Erdkundelehrers meiner Parallelklasse gefunden. Hingegangen zum Müllplatz war ich aber, um aus alten ‹Hörzu›-Ausgaben die Mecki-Seiten rauszureißen. Als Senta Berger jedoch neulich nach dem Geheimnis ihrer partout nicht verschwinden wollenden Schönheit gefragt wurde, sagte sie nicht: «Das Geheimnis meiner Schönheit liegt darin, daß ich jeden Morgen nach dem Aufstehen auf den Müllplatz fahre und die Meckis aus alten ‹Hörzus› reiße», sondern sie sagte irgend etwas ganz anderes.

Da es die Mecki-Bücher wieder gibt, kann man sich leicht davon überzeugen, daß Mecki nichts Besonderes war. Mir stand aber in den kargen Tagen meiner Jugend nicht viel Besseres zur Verfügung. Also muß ich mich wohl damit begnügen, mich an Mecki zu erinnern, auch wenn ich mich gern an etwas Dolleres erinnern würde. Man benötigt solche Erinnerungsstücke, um sich an den – wie ich sie mal nennen möchte – *Caramac-Spirograf-Gesprächen* zu beteiligen, die von «chronologisch aktiven» Menschen zum Zeitvertreib gern geführt werden. Jene Gespräche über Süßigkeiten, Popsongs, Fernsehserien und Modeartikel von vor zwanzig oder zehn Jahren. Obschon ich die Namen der Süßigkeiten Caramac, Leckerschmecker oder 3 Musketiere nicht mehr hören kann, halte ich diese Gespräche nicht für ganz wertlos. Ich verwechsle Freude an Retrospektive auch nicht mit Nostalgie. Wenngleich ich mich nicht ungern an die Limonade «Lift» erinnere, habe ich nicht das geringste Interesse an einer Wiederkehr des Getränks. Andere Limonaden waren übrigens in puncto Verschwinden nicht ganz so rigoros: Immer wieder begegnet man Menschen, die mit erhitzten Wangen berichten, in einer Waldgaststätte, einem obskuren Getränkemarkt oder in der Schweiz halbvergessene Flüssigkeiten wie Sinalco, Afri-Cola, Mirinda oder gar Bluna angetroffen zu haben.

Wichtigkeitsdefinierer werden meinen, daß man sich doch lieber an Persönlicheres oder Interessanteres erinnern solle. Sicher, wenn man 1978 mit einer anderen Person gemeinsam die Treppe runtergefallen ist, kann man späterhin zu der Person sagen: «Ach, Marlies, weißt du noch?» Nur kennt man doch kaum Menschen seit 1978. Ein sozial umtriebiger Großstadtmensch mittleren Alters kennt diejenigen Menschen, mit denen er Umgang pflegt, seit durchschnittlich zwei Jahren und sieben Monaten. Diese Zahl ist aus der Luft gegriffen, doch ich bin sicher, wenn die Forschung sich dieser Frage mal annähme, würde eine ähnliche Zeitspanne dabei rauskommen. Und wenn man einem Menschen, den man erst seit kurzem kennt, erzählt, man habe Weihnachten 1982 eine Lebensmittelvergiftung gehabt, dann kann man zwar das Glück haben, daß der andere Weihnachten '87 auch eine Lebensmittelvergiftung erlitten hat, aber wenn man ehrlich ist, interessiert einen das doch überhaupt nicht, wenn man nicht dabei war.

Anhand von Popsongs und Limonaden kann man aber wunderbarerweise gemeinsame Erinnerungen mit Menschen haben, die man gerade erst ins Adreßbuch gekriegt hat. Dies ist der Sinn des Erinnerungssports. Man stelle sich nun vor, ein Norddeutscher trifft einen Süddeutschen. Der eine ist in einem Iglu aufgewachsen, der andere in einem Dirndl: zwei Menschen mit Erfahrungshorizonten, wie sie verschiedener nicht ausdenkbar sind. Man denke an die eine Fernsehserie, in der Erni Singerl Besuch von Heidi Kabel bekam, und es herrschte die totale Superscheiße. Kommunikation zwischen Iglu und Dirndl kann man also erfahrungsgemäß vergessen. Theoretisch. Nun stellen die beiden fest, daß sie beide in ihrer Jugend eine glühende Abneigung gegen das Lied ‹Una Paloma Blanca› von der niederländischen George Baker Selection empfunden haben. Diesem Schlager war es seinerzeit nämlich egal, ob er in Iglus oder Dirndls geplärrt wurde; die peinigende Weise hatte epidemische Verbreitung. Schon rücken die beiden landsmannschaftlichen Antipoden dichter zusammen. Anschließend stellen sie fest, daß sie beide sämtliche Namen der Angehörigen des Original-Rateteams aus der Quizsendung *Was bin ich* aufzählen können. Großer Spaß entsteht nun durch die gemeinsame gestische Darstellung des Harfenglissandos aus der Titelmelodie der Sendung. Und als sie schließlich feststellen, daß sie beide den Namen des Sprechers von *Der siebte Sinn* kennen und wissen, wer das Exposé dieser Sendung schrieb, da hängt schon ein «Do not disturb»-Schild an der Tür.

Den Jugendlichen muß man sagen: Merkt euch die Namen all der Liedchen, wo zuerst ein Mann rappt und dann eine Frau den Refrain singt. Merkt euch die Herstellerfirmen eurer gesteinsbrockenartigen Schuhe. Büffelt Energielimonadennamen. Starrt vor dem Trinken minutenlang auf die Dose und prägt sie euch ein. Wenn ihr das tut, werdet ihr in fünfzehn Jahren gerngesehene Gäste retrospektiver Runden sein. Eure Krankheiten, Operationen, Obsessionen, Ängste und weggerannten Liebhaber braucht ihr euch nicht zu merken. Die werden leider nicht interessieren, dienen schlecht als kommunikative Zünder. Übertreibt aber auch nicht. Ein Limonadentagebuch müßt ihr deswegen nicht anlegen. Erinnerungssport muß Amateursport bleiben. Trivialität darf nie mehr Raum einnehmen als die ein oder zwei unnatürlich gefärbten Cocktailkirschen in einem Dosenfruchtsalat. Kauft euch keine Fernsehserien-Kultbücher etc. Derlei schickt sich nur für schnoddergeistige Konsumgören. Erinnern muß man sich ganz nebenbei und von selber!

Sowohl an die Jugend als auch an die Betagteren richte ich die folgenden Zeilen: Viel wird erzählt, um die Menschen von Drogen fernzuhalten. Vieles davon ist Makrelenlatein, wegen dem die Hühner lachen. Daß man nach der Einnahme von LSD aus dem Fenster springt und SPD wählt z. B. Das stimmt doch überhaupt nicht. Ein essentieller Nachteil der Drogeneinnahme wird hingegen meist gar nicht genannt: daß wir nämlich durch die Einnahme von manchen Substanzen eventuell einkehrende Erlebnisse der Möglichkeit berauben,

Bestandteil des Haushalts unserer Erinnerungen zu werden. Der einzige Zweck von Erlebnissen ist der, daß man sich späterhin an sie erinnern kann. Ich kann mir, abgesehen von der Arterhaltung, keinen anderen Sinn menschlichen Lebens vorstellen, als Ereignisse, Gegenstände und Organismen wahrzunehmen und die Wahrnehmungen ins Gedächtnis einzusortieren. Ein gedächtnisloser Organismus benötigt keine Erlebnisse. Der Sinn des Lebens: die Retrospektive? Ein gewagter Gedanke, der gewagt werden muß. Man denke nur, man geht zu einer fragwürdigen Location und wird dort in ein Unterleibsrambazamba verwickelt. Eine gute Sache, möchte man meinen. Aber hey hey, ho ho, was hat man denn von dem Rambazamba, wenn man soviel Kribbelwasser getrunken hat, daß man am nächsten Tage nichts mehr weiß? Eine Person, die ihr Gedächtnis als Sparbuch der Lebensfreude auffaßt und daher pfleglich behandelt, kann im Alter mit ihrer Arthrose im Seniorenstift liegen und des Morgens, wenn die Sonnenstrahlen an der Nase kitzeln, denken: «Der war süß, der war süß, der war süß, aber am süßesten war der.» Eine Person, die die Schmetterlinge der Lebenserfahrung aufgrund von geistiger Nebulosität nicht hat memorierbar erhaschen können, wird sich im Moment des Todes hohläugig fragen: «War irgend jemand süß?» Daher möge der Schaumwein trutzig im Keller verharren, ab und zu jedenfalls.

Doof ist nämlich auch, wenn man auf einer Party war, und am nächsten Tag erzählen einem die Leute die fürchterlichsten Dinge, die man auf der Party angestellt habe, und man weiß das gar nicht mehr. Rot ist die Farbe des Weins, weißen gibt's auch, aber die Farbe des Bluts, das die Scham ins Gesicht treibt, ist nie anders als rot. Wenn man sich dann schämt, freut das die Menschen, und sie mißbrauchen einen, indem sie einem

Sachen unterstellen, die man ganz bestimmt nicht gemacht hat, weil sie denken: Der kann sich ja eh nicht erinnern. Neulich erzählte man mir, ich sei auf einer Fete gewesen, wo die fünf Herausgeber der ‹Frankfurter Allgemeinen Zeitung› ihren Redaktionsigel durchgeficki hätten, und als der Igel dann an inneren Blutungen zugrunde gegangen war, hätte ich mich den fünf Herausgebern als Ersatzigel zum Durchficki angeboten. Ich habe dann aber rasch gemerkt, daß das nicht stimmt, weil die FAZ überhaupt keinen Redaktionsigel hat. Man erinnere sich nur an die eine Fernsehserie, in der Erni Singerl zu Liesel Christ sagt: «Die FAZ hat doch gar keinen Redaktionsigel.»

Ehe man seinen Ehering auf den winterlichen Boulevard wirft, sollte man sich fragen, ob man es nicht hinterher bereuen würde, seinen Ehering auf den winterlichen Boulevard geworfen zu haben.

Wäre ich allerdings, was der Himmel verhindern möge, Herausgeber einer Zeitschrift namens ‹Abscheuliche Musik›, dann hätte ich eine Redaktionstaube. Wegen ‹Una Paloma Blanca›. Tauben sind an und für sich liebenswürdige Tiere. Man kann das zivilisatorische Niveau eines Menschen gut an seinem Verhältnis zu Tauben ablesen. Kaltherzige, öde und schnoddrige Menschen behaupten immerfort, sie würden Tauben «hassen», da sie die Ratten der Lüfte seien und allesamt vergiftet gehören. Ratten sind aber ebenfalls liebenswert. Anfang der siebziger Jahre befand sich ein solches Tier in meiner Obhut, und die anfängliche Abneigung gegen ihren nackten Schwanz überwand ich rasch, indem ich mir erfolgreich einflüsterte, daß mein eigener kleiner Finger eigentlich auch nichts Feineres als ein etwas verkürzter und verfetteter Rattenschwanz war. Die Taube in ‹Una Paloma Blanca› jedoch war kein liebenswertes Tier, die war eine widerliche Friedensratte der Lüfte, und zwar weniger wegen ihres Neurodermitis erzeugenden Flötenintros, sondern wegen der Verwendung eines gestohlenen Wortes im Refrain:

Una paloma blanca
Ain't just a bird in the sky.

Ain't! Ain't ist sogenannter Neger-Slang für «is not». Als das dermatologisch folgenschwere Lied aus allen Lautsprechern herausquoll, begann ich gerade, den Soul und den Blues zu kennen und zu lieben, und dort kam massenhaft «Ain't» vor. ‹Ain't no mountain high enough› von den Supremes z. B. Ich empfand es als anmaßend, ja unrechtens, daß sich die holländischen Kirmesmusikanten dieser Vokabel bedienten. Wie nicht wenige Jugendliche der siebziger Jahre war ich von der

abwegigen Meinung befallen, daß Deutschland das schlimmste Land der Welt sei. Niederländische Popmusik verhalf mir
allerdings zu der Annahme, daß es ein noch schlimmeres
Land als Deutschland gibt. Ich stellte mir damals gern vor,
wie die Mitglieder der George Baker Selection in den Keller
eines ihrer trostlosen Eigenheime gehen, den Stecker der
Kühltruhe aus der Steckdose ziehen und sich anschließend
gegenseitig dabei fotografieren, wie sie Sex auf auftauenden
Rinderhälften machen. Manchmal, wenn mir Vernunft und
besseres Wissen entgleiten, stelle ich mir das sogar heute noch
vor.

Elegante Konversation im Philharmonic Dining Room

Oktober 1996

Wir waren vier, wie es ein wohl neidischer Sozialdemokrat mal ausdrückte, Selbstbeschäftiger, und wir liefen durch Liverpool. Wir hatten von einem Café Mahler erfahren, in dem es eine *Kindertotenlieder Lounge* geben sollte, und dieses Café suchten wir. Wir wollten in der Kindertotenlieder-Lounge über Steuern und Warzen sprechen, weil wir dachten, das komme gut. Wir fanden das Café aber nicht.

Immerhin fanden wir die angeblich prunkvollste Kneipe Britanniens, den Philharmonic Dining Room. So sprachen wir eben dort über Warzen und Steuern sowie über die Frage, ob es tatsächlich stimme, daß Inder einfach auf die Straße kacken und Chinesen keinen Käse verdauen können, ob man eine Putzfrau beschäftigen soll und ob es wahr sei, daß 1996 zum *Jahr lebenslangen Lernens* erklärt worden sei, und von wem denn bloß? Wie die Themen halt so angetanzt kommen, wenn man seinen plattgelatschten Füßen bei öligem Dünnbier einen geruhsamen Feierabend verschafft.

O o o, die schlimmen Steuern. Wenn Selbstbeschäftiger beisammensitzen, wird immer über die Steuern geredet. Früher redeten die Leute über die Probleme von Kaffeepflückern und über alles mögliche. Heute gibt es nur noch Steuern. Es wird den Selbstbeschäftigern aber auch übel mitgespielt. Man sollte unsereins mehr achten, denn *wer sind denn die Motoren des Universums*? *Wir doch schließlich!* Wir sitzen nicht daheim und warten, bis ein Arbeitgeber kommt und uns Arbeit gibt. Wir machen uns selber welche. Dies muß man anmaßend, aber richtungsweisend nennen.

Statt dessen straft man uns mit der Angst vor dem Steuerprüfer. Kontoauszüge alle aufheben und in der richtigen Reihenfolge abheften? Kann ich nicht. Dazu bin ich zu andersbefähigt. Wenn der Steuerprüfer kommt, muß man ihm die Nase vor der Tür zuknallen, seinen Steuerberater anrufen und die Wohnung umräumen. Balkon zumauern, Sofa verbrennen. Wenn das Arbeitszimmer einen Balkon hat und auch noch ein bequemes Sofa enthält, dann sind das für den Steuerprüfer freizeitliche Elemente, und die liebt er nicht in Arbeitszimmern. Er liebt harte Stühle und rauhen Putz. Und der Herr Rilke möchte bitteschön seine Gedichte in der richtigen Reihenfolge in Leitz-Ordnern abheften.

Gegen *Warzen* hilft nur Aberglaube. Die zwei oder drei Warzen, die mir der Allerbarmer schenkte, habe ich allesamt mit Schöllkraut wegbekommen, obwohl in sämtlichen Büchern steht, es sei Aberglaube, daß Schöllkraut in dieser Richtung Talente habe. Schöllkraut wächst in allerlei unordentlichen Gegenden, und es ist der gelbe Saft im Stengel, der Warzen den Garaus macht. Hilfreich sind auch Warzenbesprecherinnen. Das sind so komische Frauen, die in Reihenhauswohnungen mit weinroten Ledergarnituren, Messinglampen, hängenden Blumentöpfen und von Kordeln gerafften Vorhängen wohnen. Sie haben Kaffeetassen mit Postkutschen drauf und im Buchregal nichts als ein paar verwanzte Angélique-Romane. Alle drei Monate müssen die Gardinen gewaschen werden, was zwar einen Haufen Arbeit macht, aber nun mal sein muß. Dann kommt Frau Brausewetter von nebenan und hilft. Das sind immer besondere Tage im Leben einer braven Frau aus der Vorstadt, Tage mit dem gewissen Aroma, Tage, an denen Eimer im Wohnzimmer stehen. Wann stehen schon einmal Eimer im

Wohnzimmer? An solchen Tagen müssen die Warzen warten. Ansonsten aber ist die Besprecherin aktiv und sehr erfolgreich.

Wir hatten in Leeds Urinale aus mannshohem Marmor gesehen und bestaunt. In England wird sehr viel für Penisse getan. Die Herren zeigen dieselben einander auch furchtbar gern und befreien sie bei trunkenen Gelegenheiten allzu eifrig aus ihren Kerkern. Das gehört einfach dazu zum englischen «laddism» oder zur «laddishness». Fällt mir grad nicht ein, wie das Wort richtig heißt, aber die meisten Leute können damit ja sowieso nichts anfangen. Es bezeichnet eine als typisch britisch empfundene Burschenherrlichkeit und Kumpanei. Ein rüder Brauch in burschikoser Runde geht so: Wenn ein «lad» zum Austreten gegangen ist, hängen seine Freunde ihre Penisse in sein Bierglas, und wenn er dann zurückkommt und sich am Biere labt, dann feixen die Freunde und sagen: «You've been dipped.»

Wir taten derlei nicht, zumal wir eine Dame dabeihatten, eine Sinologin, und Sinologinnen hängt man nicht seinen Schwanz ins Bier. Wir redeten lieber über Warzen und ob man sich eine Putzfrau nehmen soll, und ein Mitreisender sagte: «Als ich 20 war, hätte ich nie gedacht, daß ich mal eine Putzfrau beschäftigen würde. Mit 35 finde ich das ganz normal.» Der zweite Mitreisende sprach: «Ich kenne fast nur Leute, die eine Putzfrau haben. Sogar Punkrocker haben heutzutage eine Putzfrau. Da die lügenmauligen Zasterpunker aber in einer Welt bürgerlicher Kleinigkeiten leben, wo ein Tabu lautet, daß man öffentlich nicht zugeben dürfe, ein ordentliches Auskommen zu haben, müssen sie auf unterstem Niveau mitjammern und sagen nicht: ‹Ich habe eine Putzfrau›, sondern ‹Ich kenn da so 'n Mädel, das steckt ziemlich in der Scheiße finanziell, die unterstütz ich ein bißchen, damit sie nicht auf der Straße liegt, und dafür räumt sie mir ein bißchen die Bude auf, wenn ich mit den Jungs on the road bin.›»

Hier erhob ich mich und manifestierte mit volksrednerhafter Gebärde: «Ich habe weder eine Putzfrau, noch unterstütze ich Mädel, die finanziell in der Scheiße stecken! Mir ist es unangenehm, wenn eine fremde Person in meinem Abschaum waltet. Ich kenne einen, der hatte mal ein Ferienhaus gemietet, bei dem eine Putzfrau im Preis inbegriffen war. Vor jedem Erscheinen der Putzfrau hat er das Haus geputzt, damit es schön sauber ist, wenn sie kommt. So würde es mir auch ergehen.» – «Ja, aber geputzt wäre deine Wohnung in jedem Fall», kam es zur Antwort, «ob du nun aus Respekt vor der Putzfrau selber putzt oder das die Putzfrau erledigen läßt, ist doch Jacke wie Hose.»

Während der Mitreisende dies gerade vortrug, ging die Sinologin zur Toilette. Wenn man in einer größeren Runde, so ab vier Personen etwa, in einer Gaststätte sitzt, kann man einfach aufs Klo gehen, auch wenn einer gerade was erzählt, denn es sind ja noch andere Leute da, die dem Redenden zuhören. Hauptsache, *irgendeiner* bleibt sitzen und lauscht. Das ist ein Vorteil gegenüber dem Rendezvous à deux, wo man vor dem Abkoten erst mal warten muß, bis der andere ausgeredet hat. Als die Chinakennerin von der Toilette zurückkam, sagte sie, das stimme schon, daß in Indien viele Leute einfach auf die Straße kacken. Man wisse aber oft nicht, ob sie kacken oder einfach nur entspannt in der Landschaft hocken. «Die größte Demokratie der Welt», jubeln Indienbefürworter. «Der größte Schweinestall der Welt», räumen Indiengegner ein. «Sie machen wirklich gute Soßen», versuche ich zu vermitteln. Daß den Chinesen jedoch ein Enzym fehle, dessenthalben es ihnen nicht möglich ist, fuhr die vom Klo Zurückgekehrte in ihrem kundigen Vortrag fort, Käse zu verdauen, das wisse sie nicht genau. Käse essen zu können sei vielleicht eine antrainierbare Kunst. Chinesen haßten zwar Käse, aber sie habe im Flugzeug schon neben welchen gesessen, die welchen aßen. «Ich auch», sagte ich. «Auch ich habe im Flugzeug schon neben einem Chinesen gesessen, der Käse aß.»

«Dann haben wir einen bezaubernden biographischen Farbtupfer gemeinsam», sagte die Sinologin und umarmte mich mit kühnem Griff. Neidisch betrachteten das die anderen beiden. Sie hatten noch nie neben Käseessen trainierenden Chinesen im Flugzeug gesessen, und nun sahen sie, welche Nachteile es haben kann, nicht «dazuzugehören».

Um dazuzugehören, braucht man Humor. Man muß nur mal Heiratsanzeigen lesen. Je höher das soziale Prestige einer Zeitung, desto mehr wird auf Humor bestanden. In der ‹Zeit› preist sich jeder als humorvoll an, und jeder sucht jemanden mit entsprechender Ausstattung. Diese Annoncen sind eine traurige Lektüre. Ich kenne viele Menschen mit herrlichem Humor, und nicht einer von denen liest die ‹Zeit›. Überhaupt hat die hohe Wertschätzung des Humors lästige Folgen. Da Humorlosigkeit als Mangel gilt, versuchen mit diesem vermeintlichen Makel behaftete Menschen davon abzulenken, indem sie Witze reißen und Worte verdrehen. Humor ist neben Balsamessig *das* Statussymbol der postmaterialistischen urbanen Cliquen. Diese werden auch nicht müde, den englischen Humor als besonders feingeistig zu adeln, dabei ist gerade der englische Humor eher derb und physisch, bisweilen auch schlicht. Die albernen Monty-Python-Filme scheinen mir extra dafür hergestellt worden zu sein, daß deutsche Bildungsbürger ihre den Humor betreffenden Profilneurosen kurieren. Humorlosigkeit ist an sich ein kleiner, verzeihlicher Makel verglichen mit der Unfähigkeit zu bemerken, ob ein anderer Witze erzählt bekommen möchte oder nicht. Man sollte aufhören, Humor für eine Notwendigkeit zu halten, sonst wird auf ewig mit Witzzwang und aggressivem Gelächter genervt. Wenn bei öffentlichen Veranstaltungen an erstbester Stelle häßlich gelacht wird, dann ahne ich: Ah, da will wieder ein Humorloser zeigen, daß er Humor hat. Man sollte überhaupt nur dann öffentlich laut lachen, wenn sich das einigermaßen anhört. Wenn einer dreckige und verkrumpelte Füße hat, dann darf er die ja auch nicht allen Leuten direkt ins Gesicht halten.

In einer Illustrierten war einmal ein Gespräch zwischen Ernst Jandl und Blixa Bargeld abgedruckt. Zu dessen Abschluß erbat der moderierende Journalist von den Gesprächspartnern je einen Witz. Ernst Jandl, aus dessen Werk so mancher Humor heraussprüht, sagte, er könne sich keine Witze merken. Eine kluge, ja weise Art, auf die schnöde Witzbitte zu reagieren. Auch Blixa Bargeld kann auf viele schöne Leistungen zurückblicken, aber für den Besitz von Humor ist er wohl eher nicht berühmt. So wunderte es nicht, daß er einen Witz wußte. Da dieser Witz in seiner Glanzlosigkeit sehr typisch für die niederschmetternde Witzigkeit humorloser Menschen ist, möchte ich ihn hier wiedergeben: *Ein Saxophonist sitzt in seinem Zimmer und spielt zum wiederholten Mal eine Melodie, kann aber die Überleitung nicht finden. Voller Verzweiflung wirft er sein Saxophon aus dem Fenster, es zerspringt auf der Straße in tausend Stücke. Da wird ihm klar, daß er soeben sein Leben aus dem Fenster ge-*

worfen hat, und er stürzt sich hinterher. Im Sterben umarmt er auf dem Gehweg die Reste seines geliebten Saxophons, und plötzlich hört er von ferne die Ambulanz mit dem zweitonigen Signalhorn: Dadadada. Da fällt ihm die Überleitung ein – doch jetzt ist es zu spät.

Ich würde gern mal erleben, wie ein TV-Prominenter in einer Talkshow sitzt und sagt: «Ich mag keine Musik, habe keinen Humor, und soziale Ungerechtigkeiten stören mich ehrlich gesagt nicht besonders.» Das wäre ein hübscher Fußtritt gegen das Türchen zum Treppchen, das zu mehr Wahrhaftigkeit führt. Was finden die Leute bloß immer so aufregend daran, in einer matschigen Lügenwelt zu leben? Den ekelhaftesten Publikumsapplaus hörte ich mal, als Günter Strack ausgefragt wurde. Das war vor einigen Jahren, als er eine Platte mit frommen und natürlich humorvollen Umwelt-Songs aufgenommen hatte. Ein Prachtstück meiner musikalischen Schreckenskammer. Der Moderator fragte ihn, ob er sich denn nun mehr als Sänger oder als Schauspieler sehe. Günter Strack sagte: «In erster Linie sehe ich mich als Mensch.» Da klatschte das Publikum ekelhaft.

Übrigens hat sich das Applausverhalten in den letzten Jahren verändert. Seit im Privatfernsehen Animateure das Publikum steuern, gibt es dort nur noch Applaus plus Jauchzen plus Pfeifen und Trampeln, eine Beifallsform, die früher absoluter Begeisterung vorbehalten war. Heute dagegen wird in manchen Sendungen von vorn bis hinten durchgejauchzt. Man hat sich an das ewige Gejauchze schon so gewöhnt, daß einem, geht man mal ins Theater, normaler Applaus nackt und hart vorkommt, auf jeden Fall unangemessen, «zu wenig» oder sogar freudlos und unfreiwillig, so als werde das Publikum mit militärischen Mitteln zum Applaus gezwungen wie in der DDR. Seitdem man aus dem Fernsehen *Riesenappläuse* für absolute Nichtigkeiten wie das Erscheinen von Schlagersängern oder das Beantworten von Fragen kennt, erscheint mir bei Kulturveranstaltungen Applaus als Mittel der Beifallskundgebung oft unangemessen. Vielleicht wird es sich einmal durchsetzen, daß in Theatern nicht geklatscht wird.

Ein recht blödes Wesen allerdings ist das Klatschenthaltsamkeitsindividuum, welches mit verschränkten Armen zwischen lauter Klatschenden sitzt und Souveränität hechelt wie ein überhitztes Hündchen, ein Verhalten, das bei quasireligiösen Verehrern der Stiftung Warentest und sonstigen Überdurchschnittlichkeitsfurien weit verbreitet ist. Das sind diejenigen, die sich keinen Bären aufbinden lassen wollen, die alle Tricks durchschauen und sich nicht für dumm verkaufen lassen: schreckliche Menschen also. Ich meine, man soll immer schön klatschen, wenn man etwas Anstrengendes vorgeführt bekommen hat. Die Leute auf der Bühne geben sich doch alle Mühe! Haben in muffigen Kellern proben und sich von Döner ernähren müssen. Jetzt reiten sie auf Löwen durch brennendes Öl. Sie tun es *für uns*. Wenn einem etwas nicht gefällt, geht man halt kein zweites Mal hin. Klatschen aber muß man. Applaus ist zwar nicht das Brot des Künstlers, doch Brot ist ja auch nicht der Applaus des Bäckers. Der Applaus der Bäkker ist das selige Leuchten in den Augen eines Brot gegessen habenden, frierenden, im Sterben liegenden Waisenkindes, na ja im Sterben liegen muß es nicht unbedingt. Warum sollte es auch? Hat doch gerade Brot zum Futtern gekriegt. Übrigens hat Peter Maffay neulich im Interview die Sittenverderbnis beklagt. Er meinte, wenn das so weitergehe mit den Sitten in Deutschland, dann würden die Leute bald in den Bäckerladen gehen und «Brot her!» schreien. Es ist immer wieder schön, wenn man miterleben darf, wie begnadete Kulturkritiker die Lage analysieren und sagen, was passieren wird, wenn das so weitergeht.

Vielleicht sollte man sich, wenn das so weitergeht mit dem Gejauchze und Getrampel im Fernsehen, seriöse Alternativen zum Applaus ausdenken. Wenn der Star erscheint, könnte das Publikum, anstatt zu klatschen, auf einer mitgebrachten Maultrommel einen, aber wirklich nur einen möglichst tiefen Ton anschlagen. Wenn der Star fertig ist, könnten die Leute, solange sie können, die Luft anhalten.

Dies war der Inhalt unserer Konversation im Philharmonic Dining Room. Schlimm ist es, wenn man seine Trinkgeschwindigkeit den frühen Schließzeiten englischer Kneipen anpaßt und um 23 Uhr gesagt bekommt, man könne noch zwei Stunden weiterzechen, weil in Liverpool eben alles anders sei. Dann muß man nämlich noch zwei Stunden trinken! Harald Juhnke sagte mal in einem Interview, es sei Blödsinn zu sagen, ich trinke, weil mir Marianne Buttenburgel weggelaufen ist. Das ist richtig. Wir tranken nicht wegen Marianne Buttenburgel, sondern weil wir noch durften, und auch die uns begleitende Dame hat sich gut eingefügt und angemessen getrunken. Ich hatte Glück mit meinen Mitreisenden. Ein Bekannter von mir hatte das Pech, zwei Wochen mit jemandem zusammensein zu müssen, der täglich zehnmal vor sich hin brabbelte: «Finger im Po: Mexiko, Finger im Ohr: Ecuador, Finger in der Vagina: Bosnien-Herzegowina.»

Lang lebe übrigens Frau Brausewetter! Es ist ein schönes traditionelles Bild, wenn sie mit einer Plastikwanne vorm Bauch zum Gardinenaufhängen geht. Lang lebe aber auch die moderne junge Frau, die kein traditionelles Bild abgeben möchte. Besonders lang jedoch lebe das Jahr 1996, das von irgendwem zum «Jahr lebenslangen Lernens» erklärt worden ist.

Ein schönes Stück Apfel- oder Zwetschgenkuchen – ja, gerne mal. Marmorkuchen, Eierschecke, Streuselkuchen: auch. Aber keine Torte. Nein, Torte nicht. Torte eß ich eher keine. Dies gilt es zu erwähnen, weil neulich ein Liebespaar bei mir zu Besuch war, welches Torte mitbrachte. Da ich, wie in bei aller Bescheidenheit doch bemerkenswert kurzer Zeit bereits dreimal erwähnt, normalerweise keine Torte esse, habe ich noch nie einen Tortenheber besessen. Ich beförderte die Tortenstücke daher mit einem Bratgutwender auf die Kuchenteller. Dem weiblichen Liebespaarbestandteil entschwand sämtliche Verliebten-Morgenröte aus dem Gesicht, als sie, die Frau, bzw. er, der Bestandteil, dies sah. Mit wie von unter muffigen Pyramiden hervorgezogen klingender Stimme rügte sie die mangelhafte Ausstattung meines Haushaltes. Einige Wochen später erreichte mich ein Päckchen. Darin ein Tortenheber. Im Begleitbrief erwähnte die Freundin, es sei gar nicht so leicht gewesen, einen dezenten Tortenheber ohne Hildesheimer Rosen o. ä. zu bekommen, einen Tortenheber, den selbst der Heterosexuellste in die Hand nehmen könnte, ohne seinen Ruf als Frauenwahnsinnigmacher zu beschädigen. Sie sei in die Geschäfte gegangen und habe gesagt: «Einen Tortenheber für einen Herrn.» Ich bin jeder Frauenwahnsinnigmacherei abhold und meine durchaus nicht, daß in die Hand eines Mannes ein Revolver gehört. Aber ein Tortenheber irgendwie auch nicht. Auch kein dekorloser. Damit lassen sich doch keine Rinder einfangen. Froh bin ich, daß die Freundin mich nicht auch noch mitgenommen und gesagt hat: «Einen Tortenheber für *diesen* Herrn.» Man denke nur an das Beratungsgespräch. «Was für

Torten wollen Sie denn heben? Beabsichtigen Sie vorwiegend bröselige oder eher standfeste Torten zu heben? Und zu wem werden Sie die Torten heben? Zu einer Dame oder einem, räusper, zweiten Herrn? Wie weit sitzen denn die Dame oder der, räusper, zweite Herr von Ihnen entfernt?»

Als neulich wieder mal Besuch Torte mitbrachte, hatte ich Gelegenheit, den Tortenheber auszuprobieren. Er ist zu gar nichts nütze. Sicher schafft es mancher gerade noch, den Heber auf dem Tablett so unter das Tortenstück zu schieben, daß dieses darauf stehen bleibt. Ein Tortenstück ist jedoch allein von seiner biologischen Natur her kein Seiltänzer. Sollte es immerhin ein geübter Mensch schaffen, die Torte aufrecht zum Kuchenteller zu transportieren, so wird sie spätestens dort in Ohnmacht fallen. Niemand schafft es ohne Umfallen. Wenn es Leute gäbe, die das können, dann würden sie ja schließlich im Fernsehen gezeigt werden. Man muß sich ja nur mal ein Stück Torte und einen Tortenheber angucken – zwei Gegenstände, völlig unverwandt in Wesen, Gestalt und Charakter, zwei Gegenstände, denen es für immer verwehrt sein wird, miteinander eine funktionale Beziehung einzugehen. Eine als Vernunftsehe kaschierte amour fou. Trotzdem hetzt man die armen Unvereinbarkeiten immer wieder aufeinander, was nicht taktvoller ist, als wenn man eine Gabel ständig zwänge, mit einer ungeknackten Haselnuß herumzumachen. Sinnvoll wäre es, eine hydraulische Glocke zu konstruieren, in welcher das Tortenschnittel wie ein konditorisches Raumschiff, begleitet von interessanten elektronischen Jaulgeräuschen im Zukunftsnostalgie-Sound, in einer vakuuminösen Schwerelosigkeit zum Teller schwebt.

Klasse, diese Zukunftsvisionen von gestern: Helmut Schmidt sagte irgendwann mal: «Inflation ist, wenn die Zigaretten vier

Mark kosten», und in einer Zeitschrift aus den sechziger Jahren las ich eine Straßenumfrage darüber, wie die Welt denn wohl in den neunziger Jahren beschaffen sein würde. Ein Herr meinte, daß dann alle Frauen oben ohne herumlaufen würden. Anders die Zukunftsfrage von heute: Wie wird man denn das Jahrzehnt nennen, das den neunziger Jahren folgen wird? Die Anglophonen werden vielleicht «The Zeroes» sagen, denn das klingt shmoov. Und wir Österreicher, Deutschschweizer, Liechtensteiner, Elsässer, Lothringer, Luxemburger, Namibianer, Südtiroler, Ostbelgier, Banatschwaben, Siebenbürger, Wolgadeutschen, Deutschen und Südjütländer? Wie wird unsereins sagen? Die nuller Jahre? Das klingt abwertend, nach Schnuller und Versagertum. Die zweitausender Jahre? Die Nullis? Die Tausis?

Das Einteilen unserer Zeit in Jahrzehnte ist eine tückische Sache, da die Dinge, die man sich im nachhinein als typisch für eine Dekade denkt, sich nur selten pünktlich zu Jahrzehntbeginn einstellten. Die fünfziger Jahre begannen ca. 1947/48. Da gab es den «New Look» von Dior, die Währungsreform in Deutschland und viel anderes, was einschnitt. Die Sechziger fingen ca. 1963 an und dauerten nicht lang, weil die siebziger Jahre ziemlich pünktlich begannen, mit Woodstock und Grüner-Apfel-Shampoo. Aber wann endeten sie? Wird heute ein Kulenkampff-Quiz von 1984 wiederholt, sitzen die Menschen auf ihren Sofas und rufen: «Schrill! Schrill! Siebziger Jahre.» Die ersten fünf der achtziger Jahre, noch kaum der ordnenden Rückbetrachtung anheimgefallen, sind heute eine unbekannte, griese Epoche. Was gab es denn da? Pershing-Raketen, Nato-Mittelstreckenbeschluß? SDI? Was war das noch? Ich habe ein bißchen unter Bekannten herumgefragt, ob sie noch wüßten, was SDI genau gewesen sei, und selbst regelmäßige Leser bester Tageszeitungen hatten es so gut wie vergessen. Dabei war es damals das absolute Top-Thema. Irre: Da kommt ein Epöchlein herbeigerannt, die Welt geht beinahe unter, und knapp fünfzehn Jahre später kann sich kaum einer erinnern. Die Friedensbewegung ist so weit weg wie die Wandervogelbewegung. Nur an ein paar Liedchen wird sich noch erinnert, an «Tretboot in Seenot» von Frl. Menke oder «Knutschfleck» von Ixi, aber daß wir beinahe alle von den Amerikanern gekillt worden wären, das weiß keiner mehr. Kann sich wohl noch jemand an den Machbarkeitswahn erinnern? Der Machbarkeitswahn war damals ein ganz schlimmer Finger. Er diente dazu, daß eine bestimmte, allgemein unbeliebte Gruppe von Leuten, denen unterstellt wurde, sie würden *lila Latzhosen* tragen, vor ihm warnen konnte. Lila Latzhosen waren eine ganz einzigartige Mode, sie existierten nur als Unterstellung, daß tatsächlich jemand welche trug, habe ich nie gesehen. Nur gesprochen wurde ständig von ihnen. In der realen Mode gab es kaum Auffälliges. Fünf Minuten lang war es mal modern, daß Frauen zu große T-Shirts trugen, die sie an einer Hüfte zu einem Knoten banden. Junge Mädchen trugen Ohrringe aus bunten Federn, und Heinrich Böll ist immer mit so einem komischen Greis aus Rußland durch Kölner Matschgebiete gewatet. Oder war das noch in den siebziger Jahren?

Der Einstieg in die nuller Jahre wird hart und nervig werden, denn Besserwisser wollen ihn mit Genörgel vergällen. Sie schreien ja jetzt schon los, wenn jemand mal den ganz extrem kleinen Fehler begeht zu sagen, am 1. 1. 2000 werde das neue Jahrtausend beginnen. Man sollte einfach nicht hinhören, wenn sie einem wieder mit ihren arithmetischen Belehrungen kommen, oder sie anschreien: JAJA, WIR WISSEN

ES ALLMÄHLICH. Jeder ABC-Schütze kann begreifen, daß unsere Zeitrechnung nicht mit dem Jahr Null, sondern mit dem Jahr Eins beginnt, und daß die Jahrhunderte daher *eigentlich* nicht '00 beginnen, sondern '01. Toll. Super. Aber

---

EINER VON ZIGTAU-
Ich erwarte mathematische Grundkenntnisse

Auch im Tagesspiegel fängt der Unfug schon an anzunehmen, unser Jahrhundert ende mit dem Jahr 1999. Sie schrieben nach den olympischen Spielen in Atlanta: Die letzten Sommerspiele dieses Jahrhunderts sind zu Ende. In dieser Woche hieß es: Zum letzten Mal in diesem Jahrhundert bestimmen die US-Bürger ihren Präsidenten. Dies ist falsch. Ein Jahr null hat es in der Zeitrechnung nicht gegeben. Das erste Jahrhundert nach Christi begann mit dem Jahre eins und endete mit dem Jahre 100. Da auch das 20. Jahrhundert wie alle Jahrhunderte vor und nach ihm nicht nur 99, sondern 100 Jah-

re hat, endet es erst am 31. Dezember des Jahres 2000. Die olympischen Spiele und die US-Wahlen im Jahre 2000 finden daher noch im 20. Jahrhundert statt. Wenn die Boulevardpresse am 1. Januar 2000, von der magischen Zahl „2" am Anfang der Jahreszahl beeindruckt, in Jubelschreie über den Beginn des neuen Jahrhunderts ausbricht, wird mich das – wenn ich es noch erlebe – nicht wundern. Beim Tagesspiegel erwarte ich aber mathematische Grundkenntnisse.

DR. HEINZ MÜLLER-ZIMMERMANN,
Berlin-Wilmersdorf
SEND MECKERBRIE-
FEN

---

wen interessiert dieser Logikerscheiß, wenn da drei dicke, talkshowberühmte Nutten stehen und mit einem anstoßen wollen? Okay, streng genommen handelt es sich nicht um Nutten, sondern um Nullen. Doch die Nullen sind sexy und heiß wie die gutherzigen Puffbumsen in der von Film und Überlieferung bekannten Puffbumsen-Nostalgie. Und selbst wenn man mit Rücksicht auf die Kinder die Nullen nicht mit Nutten vergleicht, sondern mit Äpfeln: 2000 = drei leckere, saftige Äpfel. Krachoschlabber Schmakkoschmatz! 2001 = zwei Äpfel und ein Zahnstocher. Was ist besser? Die saftlosen Arithmetiker sagen: Zwei Äpfel und ein Zahnstocher sind besser, denn dann kann man sich der langfristigen Gesundheit zunutze nach dem Essen die Überreste aus den Zwischenräumen stochern. Da antworte ich: Dann stochert mal schön in eurer logischen Gesundheit. Ich werde die Jahrtausendwende jedenfalls am 1. 1. 2000 heftig begießen und sehr sanft bezündeln, da wird so viel Lebensglut bei abfallen, daß ich noch ein Jahr später vor eigener Existenzfreude nachsichtig genug gegen euch hagere Barone sein werde, um bei eurem mathematisch genehmigten Millennium reinzuschneien und euch Zahnstochernachschub und eine Flasche Demeter-Brottrunk vorbeizubringen.

Man merke sich: Inkorrekte, aber geile Jahrtausendwenden begießt man mit leckeren Torkeltrünken, korrekte Jahrtausendwenden mit Demeter-Brotsaft. Ich kenne einen Mann, der wohnt in einer WG, in der viel Brottrunk getrunken wird; er wohnt als einziger Mann in einer Frauen-WG bzw. «in einem Frauen-KZ», wie er immer scherzhaft meint, wenn er nicht mit seinen Mitbewohnerinnen zusammen ist, sondern mit mir, denn er weiß, bei mir kann er die Sau rauslassen, weil ich weiß, daß Worte nur Worte sind und verwehen wie Illusionen am Boulevard des Verpuffens. Die Frauen sind alle sehr nett, aber schon um die 40 und mit politischer Vergangenheit behaftet und infolgedessen mit Rudimenten traditioneller Gniesegnatzigkeit. Man darf dies nicht denken und jenes nicht sagen. Einmal schrieb ich dem Freund eine freche Postkarte aus Portugal, auf der u. a. stand: «Das Portugiesentum bekommt rein äußerlich dem männlichen Geschlecht besser als dem weiblichen. Die Frauen sehen ja alle aus wie Putzfrauen.» Das war natürlich völlig übertrieben und so dahingeschrieben abends in der Taverne oder wie das in Portugal heißt. Meine neben mir sitzende Reisebegleiterin hat das auf ihre Postkarten übrigens auch draufgeschrieben, weil sie das lustig fand in ihrem Rotweinschädel. Wenn ich der deutsche Außenminister wäre und mich das portugiesische Fernsehen interviewte, würde ich natürlich auf solche Bemerkungen verzichten. Jedenfalls hat eine der Mitbewohnerinnen meines Freundes den Briefkasten geleert und beim Treppehochgehen meine Postkarte gelesen. Das darf sie ruhig, denn es gibt zwar ein Brief-, aber kein Postkartengeheimnis. Wenn ich jetzt aber in der WG anrufe und diese Frau am Apparat ist, dann weigert sie sich, meinem Freund etwas auszurichten. Sie legt auf. Sie ist eine Frau, die *ernsthaft* die Floskel gebraucht: «Jeder Mann ist ein potentieller Vergewaltiger», und wenn man dann scherzhaft kontert: «Jede Frau ist eine potentielle Putzfrau», dann wird sie gewalttätig. Irre, schade, aber fast schon schaurig schön, daß es so was noch gibt.

Normalerweise ist nämlich feststellbar, daß der Pauschalvorwurf der Frauenfeindlichkeit so gut wie ausgestorben ist. Es will einfach kein Mensch mehr hören. Frauen sagen heute: «Hör mir uff mit die Femi-Scheiße.» Ist das gut? Ich weiß nicht recht. Wenn ein abgeklungenes Interesse an emanzipatorischen Belangen nur zu einer nie dagewesenen Welle von Grobheit und Vulgarität führt, ist das nicht gut. Entertainerinnen bereisen heute die Varietés mit Programmen, die aus einer nicht enden wollenden Ansammlung von sexistischen Saubeuteleien bestehen, zu denen sich kein Mann je herabgelassen hätte. Eine Art Kabarettistin, der ich nicht die Ehre der namentlichen Nennung antun möchte, beginnt ihren Abend, indem sie auf die Bühne kommt und sagt: «Hach! New York! Alle drei Minuten eine Vergewaltigung. Da muß ich hin!» Dieses Niveau versucht sie anschließend anderthalb Stunden lang zu unterbieten. Ein Publikum aus mit «Kleiner Feigling» abgefüllten Sekretärinnen dankt ihr diese Suada aus klobig forcierten politischen Inkorrektheiten mit anhaltendem

Betriebsausfluggewieher. Ich sage: «Postfeminismus ist eine Katastrophe. Jawohl, das sage ich.»

Jörg Haider, der österreichische Rechtsaußen, sagt hingegen, vermutlich nicht ohne neidischen Unterton: «Franz Vranitzky ist Weltmeister im Belügen der Österreicher.» Ich würde gern erfahren, ob diese Meisterschaft jedes Jahr ausgetragen wird. Wenn ja, würde ich mir zutrauen, Kanzler Vranitzky herauszufordern und zu toppen. Ich will schon mal ein bißchen üben.

«Liebe Österreicher! Aufgrund von Knötchen im Julianischen Kalender haben ein paar doofe Jahre zweimal stattgefunden, und daher ist die Jahrtausendwende schon in näherer Bälde, nämlich am 1. 1. 1997. Leider kann das zentrale Geböller nicht wie geplant am Stephansplatz stattfinden, weil dort aufgrund organisatorischer Bescheuertheiten zur gleichen Zeit in einer eiligst eingeflogenen tschechischen Privatturnhalle das Pendlerfest und eine Weltmeisterschaft im Tor-

Selbst die altmodische Überputzsteckdose verwandelt sich in einen Blickfang, wenn man ein Hoffnung und Wärme verbreitendes Mutter-Teresa-Bild neben sie hängt.

tenheben der Frauenwahnsinnigmacher stattfindet. Das Zeitenwendengeböller ist daher in den Richard-Waldemar-Park im 6. Bezirk verlegt worden. Geht alle hin, denn es wird euer letztes schönes Silvester. Am 1. 7. 97 wird Österreich ja von Großbritannien an China zurückgegeben.»

PS: Teilchenphysik auf Stammtischniveau: «Diesen verdammten Top-Quarks sollte man ihr Dingle abschneiden.»

Zuwenig Esel zwar, doch anderes nimmt überhand

Wenn ein Wanderer auf der Heide nach längerer Zeit wieder einmal einem Menschen begegnet, dann ist es Sitte, daß die beiden einander grüßen, auch wenn sie sich nicht kennen. In der Stadt ist das nicht üblich, außer im Treppenhaus. Im Treppenhaus muß man jeden grüßen. Leute, die in Einfamilienhäusern großgeworden sind, wissen das oft nicht, und wenn sie mal jemanden besuchen müssen, der in einem Mehrfamilienhaus, möglicherweise gar im sozialen Wohnungsbau, wohnt, was ihnen ohnehin sehr unangenehm ist («Wie kann man hier bloß leben?»), dann tapsen sie ungelenk herum und erwidern nichts, wenn man sie grüßt, und das ist ganz unmöglich. Leute aus Eigenheimen und solche aus Mehrfamilienhäusern – das sind sowieso ganz unterschiedliche Menschen, unterschiedlicher als Katholiken und Evangelische jedenfalls. Es trennt die Menschen sogar mehr als die Frage, ob man in der Schule Geha oder Pelikan war. Ja, man hatte nicht nur einen Geha- oder Pelikan-Füller, sondern man *war* Geha oder Pelikan, so wie einer SPD oder CDU *ist*. Ich war katholisch-Pelikan-Nesquick. Bei Kindern, die evangelisch-Geha-Kaba waren, roch es anders auf der Toilette, säuerlicher, schien mir. Die Welt war voller kleiner Grenzen, Neugier war ein wenig schmutzig.

Bisweilen kommt es vor, daß Leute sich nicht nur grüßen, sondern sich sogar freuen, einander zu sehen. Einmal, da saß ich in einem vegetarischen Restaurant und aß abscheulichen, nach Ohrenschmalz schmeckenden Rukola-Salat. In meiner Nähe saß eine Frau mit einem indischen Schal. Plötzlich und unerwartet ging die bis dahin wegen eines draußen tätigen Orkans geschlossene Tür auf, und eine zweite Frau mit einem indischen Schal drang in den Speisesaal. Die sitzende Schalfrau bemerkte dies, erhob sich und rief: «Ingrid!» Da schritt die neu Eingedrungene zielstrebig auf die andere zu. «Holla, die Damen freuen sich», dachte ich nun. Auch auf Bahnhöfen ist es möglich, Menschen zu sehen, die sich freuen, einander zu sehen. Mit weit ausgebreiteten Armen fliegen sie, Schmetterlingen ähnlich, aufeinander zu, was ulkig sein kann, wenn der Ankommende an jeder Hand einen schweren Koffer hängen hat.

Von Franzosen wird angenommen, daß sie sich generell freuen, wenn sie im Ausland einem anderen Franzosen begegnen. Anders der deutsche Individualtourist. Der geht auf größtmögliche Distanz, wenn Landsleute auftauchen. «Igitt, *andere* Deutsche!» – «An dem Tisch vor der Klotür sitzen Leute aus Nordrhein-Westfalen!» – «Unglaublich, was durch diese Billigflüge für Gestalten angeschwemmt werden!» – «Mein Gott, was sprechen die denn für einen fürchterlichen Dialekt.» – «Sei bitte still, Alexander, sonst merken die noch, daß wir Deutsche sind, und tischen uns ihre popeligen Reiseeindrücke auf.» Wenn es dann doch zu einem Gespräch kommt, ist das oft gar nicht herzlich. «Also wir sind aus Braunschweig und das erste Mal hier drüben. Amerika ist ein so faszinierendes Land. Diese Weite überall», sagt der eine ohne Arglist. «Ja, das ist schön, daß jetzt aufgrund des günstigen Kurses *jeder* mal die Möglichkeit hat, sich hier mal umzusehen», kommt es säuerlich zurück.

Beliebt ist es auch, sich über das schlechte Englisch der *anderen* Deutschen aufzuregen. Wenn sie im Restaurant beim Bestellen «I take …» statt «I'll have …» sagen, au weia, dann gibt's Überlegenheitsgegrinse. Das Schönste, was so einem kultivierten Dünkeldeutschen passieren kann, ist, daß er von einem Amerikaner für einen Engländer gehalten wird. Dann erstrahlt eine neue Sonne. Deutscher zu sein, ohne daß andere es merken, herrlich. Zumal England ja eigentlich, wie uns allen aus dem Englischunterricht erinnerlich sein dürfte, ein viel edleres Land ist als die USA. Aber zum Hinfahren ist Amerika natürlich trotzdem besser, das sehen inzwischen wohl gar Englischlehrer ein, denn da kriegt man was Anständiges zu essen, «und das mit der Weite des Landes, das hatte der Mann aus Braunschweig ja eigentlich doch ganz passend ausgedrückt in seinen einfachen Worten, oder was meinst du, Gesine?»

Digitaluhren in der Oper. Zigarrenrauch im Beichtstuhl. Deutsche im Ausland. Drei Dinge, die als typische Beispiele gelten für etwas, was sich aufhält, wo es nicht hingehört. Es gibt aber noch ein weiteres Beispiel: Anzeigen für Bienenzüchterzeitschriften in Ziegenzüchterzeitschriften. Eine Bekannte eines Bekannten (BeB) besitzt drei fröhliche Geißlein und eine entsprechende fröhliche Fachzeitschrift. Darin inserierte die Bienenzüchterzeitschrift. Bei Bestellung eines Probeheftes, so die Anzeige, bekäme man ein Honigtöpfchen in Form eines Bienenkorbes. Da die BeB schon immer von einem solchen Honigtöpfchen geträumt hatte, reagierte sie auf das Inserat. Nach Erhalt des Töpfchens schrieb sie an die Bienenfreunde, danke fürs Töpfchen, aber nö, die Zeitschrift wolle sie nicht. Daraufhin bekam sie einen handschriftlichen Brief, ob sie sich das auch gut überlegt hätte, denn es würde sich um eine grundsolide Zeitschrift halten. Die BeB schrieb zurück, daß sie keine Not leide an Zeitschriften, in denen die Verdienste von schwarzweiß fotografierten Mummelgreisen

an der Bienenzucht gefeiert würden. Nun gab sich der Brief-
schreiber als 82jähriger Herr zu erkennen und machte der
BeB Vorwürfe von wegen Respekt vor dem Alter und wo die
Menschheit denn gelandet wäre ohne die nützlichen Bestäu-
ber. Die BeB schrieb zurück, jaja, ist ja gut, aber sie wolle halt
keine Bienenillustrierte. Letzter Stand der Dinge ist, daß neu-
erlich ein handgeschriebener Brief kam und ein Bestellcou-
pon. Witzige Story, wa?

Einmal blätterte ich in einer Buchhandlung in einem Buch
über Eselzüchterei. Darin stand, daß es in ganz Deutschland
nur 500 Esel gebe. Kann denn das sein? Allein vorm Kölner
Dom standen neulich vier Esel. Da Esel neben Ziegen meine
Favoriten im Garten der Nutztiere sind, finde ich die Zahl
500 entschieden zu klein. Zufolge einer nach persönlichem
Gutdünken und zu demagogischen Zwecken verzerrten Sta-
tistik gibt es ca. 30 Millionen Hunde in Deutschland. Die
Grenze zum Terrorismus ist längst erreicht. Grünanlagen
sind für den Nicht-Hundenarr nicht mehr nutzbar, insbesondere in den besseren Vierteln, wo sich die reichen Gattinnen
und Töchter kränzchenweise mit ihren Rudeln zerstreuen.
Sie bringen nichts als Rabbatz und Unrast in die Anlage, niemand kann Ruhe und Entspannung finden, wenn ihm ständig
die Rudel zwischen den Beinen herumschnauzen. Die Status-
Quo-Glorifizierer sagen: «Oh, da hat einer Angst vor Hunden.» Billiges Gemurmel, wie man es von Status-Quo-Glori-
fizierern kennt. Der Hund ist mir hier wie der Mensch: Vor
der Spezies hab ich keine Angst, höchstens vor einigen Ein-
zelexemplaren. Einige Individuen sind mir sogar sympathisch. Abgesehen von Angst kann man Hunden gegenüber
auch noch ganz andere negative Empfindungen hegen, z. B.
Ekel. Ekel vor Eseln ist mir hingegen fremd. Kühn ist ihr Ge-

räusch, und selbst ihr Gestank hat Noblesse. Daher meine ich: Man hundertstele die Zahl der Hunde. Als Ausgleich für diese gewiß von mancherlei Gewinsel begleitete Maßnahme möge man die Anzahl der Esel verhundertfachen. So käme Gerechtigkeit in die Welt. Immerhin ist hiermit endlich mal wieder was Gutes gefordert worden.

Sonst wird ja immer nur Käse gefordert. «Le fromage, s'il vous plaît», bzw. vor einigen Monaten demonstrierten polnische Nationalisten *für* den Bau eines Supermarktes auf dem Gelände der KZ-Gedenkstätte Auschwitz. Schon irre, was man alles fordern kann. Ich fordere lieber Gescheites, z. B. eine Rotation der Schweigepflicht. Warum sollen immer nur die Ärzte schweigen? Mein Arzt z. B. hat eine sehr angenehme Stimme. Der soll ruhig mal was erzählen. Er soll sagen: «Sie haben nur noch sechzig Jahre zu leben», und ich werde jeden Tag als Geschenk begreifen und viel bewußter erleben. Es könnten doch zur Abwechslung mal, wenigstens für fünfzig Jahre oder so, die Stukkateure schweigen. Was haben Stukkateure schon groß zu berichten? Oder die Journalisten.

50 Jahre mal keine Medien. Was geschähe? Würde sich die finstere Pranke des Auslandes unserer geläuterten Nation bemächtigen? Stürzte was ein? Käme ein neuer Diktator? Why not? Ich kann mir durchaus und ohne Schmäh vorstellen, daß ich *nicht* in einer parlamentarischen Demokratie ins Grab sinken werde. Es ist doch schon oft was Neues gekommen. Capri Sonne gibt es z. B. *jetzt mit verbessertem Einstichloch.* Wann kommt denn mal wieder ein neuer Diktator? Ein guter Diktator, der Fluor ins Trinkwasser tut, mit Jugendlichen auf Wolldecken sitzt und modernste Mittel einsetzt. Groovy. Ein guter Diktator ist immer das Beste, sagen seriöse Afrikaex-

perten. Ich sag das auch. Ein Diktator, der auch mal Knisterpulver in den Mund nimmt. Selbst Dracula ist nicht mehr
gruselig, wenn er Knisterpulver im Mund hat. Dieses Pulver
gibt es in Tankstellen-Shops, man schüttet es sich in den
Mund, und dann ist es, als ob man ein Lagerfeuer im Mund
hätte. Wenn schon Feuerwerk, dann im Mund. Man kann das
Pulver auch seinem Partner beim Beischlaf in den Mund
schütten. Großer Spaß, neuartiges Erleben!

Zweifelsohne nimmt der Journalismus überhand. Jener lei-
stungsstarke Anus namens Abitur scheißt jedes Jahr Zigtau-
send ins Land, die meinen, für normale Arbeit zeitlebens
überqualifiziert zu sein. Ständig müssen neue Medien ge-
gründet werden, damit diese Leute vorm Computer sitzen
und telefonieren können, meist mit ihresgleichen oder pri-
vat. («Mach dir doch ein Hubba Bubba warm, Savannah-
Thérèse. Ich muß noch ein paar Stunden mit meinesgleichen
telefonieren.»)

Ich dachte immer, die blödeste Zeitschrift auf dem Markt sei
die ‹Männer-Vogue›. Wozu gibt es die? Ist es denn überhaupt
möglich, beim Autowaschen eine Zeitschrift zu lesen? Doch
nun macht sich das Genre des Damenwichsblattes breit. Immerfort neue Stories über «sein bestes Stück». «Prominente
Frauen diskutieren über den Penis.» Bei Männern ist es eher
so, daß eine der Grundvoraussetzungen zum Prominentwer-
den ist, daß sie nicht an Diskussionen über «ihr bestes Loch»
teilnehmen, und das soll so bleiben, da bin ich pröpstlicher als
der Propst.

Doch noch immer gibt's auch schöne Periodika: Der Wiener
‹Falter›, die Berliner ‹zitty›. Eine Schande, daß diese nicht
überall erhältlich sind. Immerhin gibt's allerorten die ‹Süd-
deutsche Zeitung›, die man zumindest montags kaufen sollte

wegen der schönen Jugendbeilage namens ‹jetzt›. Ich habe zeit meines Lebens Dinge verachtet, die speziell für Jugendliche gemacht werden. Nie hätte ich ein Jugendkonto haben wollen, denn da ist ja eh nichts drauf. Das Magazin ‹jetzt› meidet aber nett den Jugendslang, gegen dessen Verwendung ich eigentlich nichts habe, der aber in einem Jugendmagazin deplaziert ist, weil viele Jugendliche erstens keinen Slang sprechen, sondern normales modernes Deutsch, und jüngere Jugendliche zweitens *im allgemeinen* noch wenig Sinn für sprachliche Ironie haben. Ohne ironische Brechung ist aber jeder Slang unerträglich. Interessant ist, wie die Anzeigen nicht zum Rest des Heftes passen. Die redaktionellen Texte wie auch die Beiträge von Lesern selbst sind in einer hübschen, lebendigen Sprache verfaßt, und dazwischen dann die Annoncen in betontotem Ranschmeißerjargon. In der Werbung für eine Berufsberatungs-CD-ROM heißt es z. B. «Voll interaktiv, voll einfach per Mausklick, voll abgefahren». Natürlich gibt es Leute, die ungefähr so sprechen, aber Schreiben ist nun mal was anderes als Sprechen. Die Regel «Schreib, wie du sprichst» fand sich in Korrespondenzbrevieren der sechziger Jahre und kann schon damals nicht ernst gemeint gewesen sein. Weiterhin ist im ‹jetzt› das Layout super. Wie die Buchstaben da immer so frech an den Rand stoßen.

Als Kind habe ich mich immer geweigert, Jugendbücher zu lesen. Diese Abenteuergeschichten mit treuen Freunden und noch treueren Hunden interessierten mich nicht. Ich las entweder richtige Literatur, Sachbücher oder, wenn derlei nicht zur Hand war, die Bücher meiner Schwester, denn Mädchenbücher sind wenigstens richtig doof. An ein Buch kann ich mich noch vage erinnern. Da war ein armes oder normalbegütertes Mädchen namens Putzi, und das wollte ein Pony, aber das kostet ja. Dann war da aber auch ein reiches Mädchen namens Elinor, das hatte ein Pony, aber das Mädchen war gelähmt und konnte nicht druff auf das Pony. Traurig guckte Elinor das Pony an. Da stand Putzi am Zaun der Villa und rief: «Hallo, fremdes Mädchen, was blickst du trotz Pony so triste in dein nobles Areal?» Elinor antwortete: «Weil ich nicht druff kann.» Da öffnete Elinor das Gartenportal, und Putzi fragte: «Darf ich mich mal druffsetzen?», und die beiden wurden dann Freundinnen und freuten sich immer.

Am meisten verachte ich unter den Jugendprodukten jene, die *von Jugendlichen für Jugendliche* sind, d. h. von 20–30jährigen für 12–20jährige. Wenn Jugendliche über die Probleme von Jugendlichen singen. Ich würde es als Jugendlicher verletzend finden, wenn mir jemand unterstellte, ich hätte Jugendprobleme. Ich würde ja schließlich, genau wie in meiner jetzigen Lebensphase, ganz persönliche Probleme haben. Es haben nicht alle Angehörigen einer Altersgruppe die gleichen Sorgen. Manche haben ganz spezielle wie z. B., daß sie nicht aufs Pony druff können. Wieder andere bevorzugen Ziegen. Doch darüber rappen die Fantastischen Vier nicht, vor deren freundlicher Popmusik ich Respekt habe. Doch das Gehabe, das Jugendgetue, die Durchschnittshampelmannhaftigkeit im Video. Als ob sie jemand vom Evangelischen Jugendwerk oder so für den Dialog zwischen Jugend und Wüstenrot gezüchtet hätte. Bei dem die Vertreter von Wüstenrot oder Politik gar nicht zusammenzucken, wenn ein Jugendlicher mal «Scheiße» oder «die Bullen» sagt, weil sie ja selber Kinder in dem Alter haben und daher gewohnt sind, genau zuzuhören, weil man ja immer ganz genau zuhören muß, wenn Jugendliche was sagen. Wieso eigentlich? Jugendliche brabbeln meist auch nur so vor sich hin. Ich würde mir als Politiker in einem solchen Dialog einen Walkman mit Marschmusik aufsetzen, den Jugendlichen Zigarrenrauch ins Gesicht blasen und hoffen, ja sogar fürchten, daß jemand mein Verhalten für frech und erfrischend hält.

Ein nicht verwendeter Kolumnen-Anfang   September 1996

So etwa in der siebten Klasse hatte ich eine Mitschülerin namens Anette. Diese liebte es, sich in ihrer freien Zeit auf Parkplätzen herumzutreiben und lustige, oder besser noch: unanständige Nummernschilder zu suchen und diese zu fotografieren. Sie war nicht sehr anspruchsvoll. Schon die Buchstabenkombination GÖ-TZ war ihr schweinisch genug, wegen, höhö, Götz von Berlichingen. Während andere sich nach Zerstreuung am Mittelmeer sehnten, träumte sie von einer Reise nach Karlsruhe, weil sie dort das Autokennzeichen KA-CK zu finden erhoffte. Ob dieser Wunsch jemals in Erfüllung ging, weiß ich nicht, aber ich erinnere mich noch gut an ihren größten Triumph. Offenbar hatte jemand aus Hanau Anlaß gehabt, unsere Gegend zu besuchen und Anette mit dem für sie gottesgeschenkähnlichen Kennzeichen HU-RE zu beglücken. Anette war außer sich. Sie wollte das Foto an die «Hörzu» schicken, auf deren «lustiger» Seite damals Platz für allerlei von den Lesern eingesandte Kuriosa und Druckfehler war, wie z. B. «In den achtziger Jahren entwickelte sich in der DDR eine inoffizielle *Schmalzfilmszene*». Gemeint war natürlich *Schmalfilmszene*. Dieses Beispiel stand allerdings nicht in den siebziger Jahren in der Hörzu, sondern beruht auf einem Verlese-Erlebnis, welches ich neulich hatte. Anette war sich übrigens sicher, daß man bei der «Hörzu» ihr HU-RE-Nummernschild nicht drucken würde. «Das drucken die nie! Das ist denen zu scharf!» rief sie und stellte sich vermutlich einen Roundtable voll leidenschaftsverschwitzter Redakteure vor, die nach stundenlangen, von vollblutjournalistischem Furor geprägten Debatten nachts um halb vier resigniert beschlossen, daß man das «heiße Ding» von der jungen Dame aus Göttingen doch nicht «ins Blatt nehmen» könne, weil: «So weit sind unsere Leser noch nicht. Leider noch nicht! Diesen Humor haben unsere Leser noch nicht.»

Jaja, Humor. Kann man haben. Muß man aber nicht. Humor ist eigentlich nur okay, um Mißverständnisse zu genießen. Wenn man eine Sekunde lang gezwungen ist, sich eine DDR-Schmalzfilmszene vorzustellen, eine inoffizielle obendrein. Wie sich die mit dem kurzen Haupthaar und den langen Bärten in konspirativen Wohnungen an der Schönhauser Allee treffen und sich die subversivsten selbstgedrehten Schluß-Kußszenen vor Hochgebirgsszenerie vorspielen, und das hübsche Pop-Girl von der Staatssicherheit merkt sich jedes kußrhythmische Detail. Vor was für einer Gebirgsszenerie hätten die das eigentlich drehen sollen in der DDR?

An der Baumgrenze im Harz vor gerade noch so eben das Leben meisterndem Kleingehölz? Dazu Streicherklang? Aber vielleicht hat ja mal ein Paar in die Rhodopen oder die Hohe Tatra gedurft.

Humor ist nicht ausreichend, wenn man einen dicken Stein vor der Tür hat und in einem unreligiösen Landstrich lebt. Dann hilft einem kein Humor, dann muß man Kraft haben und den dicken Stein fortschieben. Dann muß man den Stein in der Tat nichts anderes als wegschieben und später sagen: Ich habe den Stein weggeschoben und ich hätte wirklich nicht unbedingt zusätzlich Humor benötigt, um diese Arbeit zu erledigen. Etwas mehr Kraft hätte ich lieber gehabt, denn dann hätte ich den Stein schneller fortschieben können. (Daß «Schmalz» oder «Kitsch» – diese Begriffe haben ihren Inhalt verlernt und gehen nurmehr in Gänsefüßchen – etwas Sub-

versives haben könnten, ist in den neunziger Jahren eine
gräßlich modische Auffassung unter Großstadtgewäschab-
sonderern geworden.)

Register

Foto: billy & hells

Max Goldt bei rororo

«Max Goldt bleibt einfach der Größte.» Die Zeit

Für Nächte am offenen Fenster
Gebunden, Rowohlt 02496

QQ
Gebunden, Rowohlt·Berlin 581

Wenn man einen weißen Anzug anhat
rororo 23348
Wie bei Max Goldt nicht anders zu erwarten, findet sich in diesem Tagebuch-Buch viel Unverhofftes und auch Phantastisches.

Der Krapfen auf dem Sims
rororo 23349
Max Goldt schreibt über alles, und er schreibt, wie nur Max Goldt schreibt: Von Werten geleitet, vom Zeitgeist unbeirrt, nah am Leben und absolut stilsicher.

Ä
rororo 23432

Ein Leben auf der Flucht vor der Koralle
rororo 23540

Die Kugeln in unseren Köpfen
rororo 23554

Die Radiotrinkerin
rororo 23685

›Mind-boggling‹ – Evening Post
rororo 23863

Vom Zauber des seitlich dran Vorbeigehens

rororo 24254

Weitere Informationen in der Rowohlt Revue *oder unter* www.rororo.de